本当に忙しい人のための時間創出術

ぱる出版

はじめに

「時間は誰にでも平等である」という言葉は、誰でも一度は耳にしたことがあるでしょう。

1日は24時間。そこに人による違いはありません。誰もが同じ時間の毎日のなかで、それぞれの生活を過ごしています。

社会人として働いている人は、ほとんどの場合、1日の7〜8時間を勤務時間に割かなければなりません。また、通勤時間や休憩時間、仕事の準備をする時間を加味すると、大体9〜10時間程度を仕事に費やしていることになります。

睡眠時間を1日7時間とした場合、残る時間は6〜8時間程度。そのなかでも、食事や入浴、掃除など、やらなければならないことはたくさんあります。

1日のなかで自由に使える時間は数時間しかありません。仕事が忙しくて定時で退社できないようなときは、その貴重な数時間さえも、さらに削られてしまうのです。

近年では、「ワーク・ライフ・バランス」という言葉がニュースなどでよく聞かれるようになりました。仕事と生活の調和を目指すこの考えは、誰もが目指していきたいものでしょう。

ワーク・ライフ・バランスを実現するためには、「限られた時間のなかで、どれだけ自由に使える時間を増やせるか」が鍵を握ります。言い換えれば、「1日のうちの自由に使える数時間をいかに仕事に奪われないようにするか」とも言えるでしょう。

そこで、実践して欲しいのが「時間創出術」です。日々の仕事や生活のなかで無駄にしている時間をなくして、その分自由に使える時間を生み出すのです。

本著では、仕事を素早く終わらせて、自由な時間を増やすための、「段取り」「時短」「効率化」などに関連するテクニックを紹介していきます。

読んでくださった人の、充実した生活を送るための一助となることができれば幸いです。

Contents

はじめに——2

序章
時間創出は準備が9割

時間の使い方を改善する「時間創出」で働き方が劇的に変わる——14
時間創出は準備が9割——18

第1章
優先順位づけが時間創出の肝

タスクの優先順位決定は効率化の第一歩――22
スケジュールはゴールから逆算して細かく区切って管理する――24
仕事運びを楽にするには3M（ムリ・ムダ・ムラ）削りが重要――26
タスクの「見える化」で手早く優先順位をつける――29
重要度と締め切りまでの時間の2軸で優先順位を決定する――34
ルーティンワークはタスク同士のスキマで片づける――38
仕事を抱えすぎないようにToDoリストにタスクを追加しない――40
余裕を持って対応できるよう仕事の初動を早くする――43
計画通りに進まないときは立ち止まって原因の大元を探る――46
規模の大きな仕事は「二等分法」で作業を細分化して取り組む――49
細かい部分は気にせずに進めて最後にまとめて修正する――52

第2章 時間に対する意識を変える

普段から意識して時短に取り組む癖をつける――56
作業のデッドラインを設定して無駄な時間をなくす――58
リスト化したタスクは必ず時間配分を記入する――60
その日の仕事を進める流れを始業前にシミュレーションしておく――62
スケジュールの見直しは始業前、昼休憩、終業後の3回――64
退勤前の10分でPDCAを活用して日々業務を改善させていく――66
検証を繰り返して予想と現実の時間の誤差を縮める――69
仕事に取り組む前に求められる完成度を見極める――71
1コマ＝25分に区切るポモドーロ・テクニックで業務に短期集中――73

1日の仕事のなかで作業時間が長い上位20％の仕事を見直す――75
ゴールと同様にスタートの期日も後ろ倒しにならないように注意する――77
長期間を要する案件ではこまめな業務チェックが重要――79
キーマンの予定を把握し社内手続きをスムーズに進める――81
デジタルツールを活用しスケジュールは一元的に管理する――83
デジタルツールを利用する際はデータ消失の対策を事前に取る――85

第3章 思考の癖を変える

思考の癖を変えるだけで時間創出は成功する――88
段取り上手な人の業務の進め方をどんどん真似する――90

つい後回しにしてしまう業務の先送り防止テクニック6つ――92
誰がやっても完成度が変わらないタスクこそ手を抜く――95
「他力」に頼って仕事をよりスムーズに回す――97
「自分でやったほうが早い」という考えを捨てる――99
心配事を紙に書き出すことで集中力をUPさせる――101
「本当の成功」を見極めて戦略を練る――103
トラブルが起こってからの代替案はタイムロスにつながる――105
ミスを悔やんで時間を浪費するよりも成長の機会として利用する――107
コンディションが悪いときは簡単な仕事から進める――109
嫌いな仕事と好きな仕事はセットで処理して気持ちをラクにする――111
嫌な仕事を優先的に処理すると後の作業がはかどる――113
明日でもいいことは今日無理してやらない――115

自分へのご褒美を用意してモチベーションを高める——117

第4章 コミュニケーションを円滑にする

コミュニケーションを適切に取れば時間創出につながる——120
報告はシンプルに「結論から」を徹底する——122
相手に喜ばれる報告は「タイミング」が重要——124
期限に間に合わないと思ったら早めに対策を——126
仕事を頼むときは「理由」と「期限」を明確に——130
「忙しいだけ」の仕事とは一線を置く——132
意見を否定するときは「代替案」を出すことをルール化する——134

第5章

テクニックを駆使して作業効率をアップ

「6W3H」を徹底し伝達ミスのリスクを減らす――136
丁寧でスピーディーなメール対応は「信頼」と「時間の余裕」をつくる――139
状況に合わせて適切なコミュニケーションの手段を選ぶ――141
水掛け論を防ぐために確固たる証拠を残しておく――143
時間創出は作業の効率化が要――146
単調作業は定型化して効率をアップさせる――148
集中の妨げになる情報が目に入らない環境を整備する――150
書類は処分のタイミングを明確にルール化して管理する――153

金曜日の終業時にデスクの整理整頓まで終えて帰る――155
捨てていいのか判断できない書類はパソコンにデータ保存する――157
書類を完全に捨てる前に一度チェックする仕組みをつくる――159
相手に渡す大事な書類は控えを手元に残しておく――161
モノの定位置を決めておけば探す手間が発生しない――163
モノは横に置くよりも立てて置いたほうが取り出しやすい――166
デスクまわりの備品は作業効率を上げるものを揃える――168
メモ帳はアナログとデジタルのメリットを考慮して使い分ける――170
クラウドサービスを利用すればデータの共有とバックアップも簡単――172
パソコン内部のデータを整頓して検索にかける時間を短くする――175
メールの署名と挨拶文の記入はテンプレートの呼び出しで時短――177
よく使う操作はショートカットキーを駆使する――179

Ｅｘｃｅｌのショートカットを駆使して作業時間を劇的に短縮――181
データの入れ替えも連続データの入力も楽にこなせる技――184
Ｅｘｃｅｌの計算ミスは「検算式」で防止できる――186
短時間の仮眠「パワーナップ」で午後も集中力を維持する――188
おわりに――190

序章

時間創出は準備が9割

01

時間の使い方を改善する「時間創出」で働き方が劇的に変わる

顧客への納期や請求書や提案書の提出期限、問い合わせメールへの返信対応……。社会人として働く人は、常に時間に追われながらさまざまな業務に取り組んでいます。

ほとんどの人は、日々の業務への対応で忙しくしていて、仕事に対してゆとりを持って取り組むことができずにいると思います。なかには、業務を所定の労働時間の範囲内で終わらせることができずに、毎日残業をするのが当たり前になっている人も多いのではないでしょうか。

時間に追われながら業務に取り組んでいると、急ぐあまりに仕事のクオリティが低下してしまい、**本来の実力よりも低い評価を受けてしまう**場合があります。

仕事の期日に間に合わせるために一生懸命がんばっているのに、不本意な評価を受けてしまうのであれば、非常に残念なことです。そうなってしまうと、モチベーションが徐々に低下していき、負のスパイラルから抜け出せなくなってしまうかもしれません。

そんな状況を打破するために有効なのが、**「時間創出術」**。普段の自分の仕事への取り組み方を見直して、時間の使い方を改善することで、新たに使える時間を増やしていくのです。

使える時間が増えれば、今まで大慌てでなんとか対処してきた業務に、余裕を持って向き合い、本来の自分の実力を存分に発揮して、正当な評価を得ることにつながります。

また、空いた時間を自己研鑽や業務の反省などの振り返りにあてれば、仕事に対するスキルアップを見込めます。今まで、自己成長に向けた活動をしたくても忙しくて時間が取れなかった人は、モチベーションも高く自己研鑽に取り組んでいけるでしょう。

これまで残業が当たり前になっていた人は、とくに時間創出を意識していただきたいです。

かつては、「残業をたくさんしている＝仕事をがんばっている」として評価される風潮がありました。

しかし、近年では働き方改革が進んだことによって、そのような古い価値観が変化し、営業時間内に必要な業務を完了させて定時で帰宅していく、**時間の使い方の上手な人が高い評価を受ける時代**になっています。毎日遅くまで残業をしていても評価されず、むしろマイナス評価を受けてしまう可能性もあるのです。

残業をやめて、評価を下げさせないためにも、時間創出のテクニックを身につけていきましょう。

■時間の使い方は誰でも上達させられる

時間創出術は、才能に恵まれた人だけが扱うことのできる特別なスキルではありません。日々意識して時間の使い方の改善を目指していけば、**誰でも時間の使い方を上達させることができます。**

時間の使い方を改善させようとする視点で、日々の業務に取り組んでいくと、どんどんと時間を創り出せるポイントが見えるようになっていきます。

これまで時間創出を全く意識してこなかった人であれば、まさに目からウロコ。より多くの時短可能な作業を見つけることができるでしょう。

時間創出術をマスターすれば、これまでの生活様式に変化が生まれます。その変化は、あなたの人生に今までになかった実りをもたらすはずです。

02

時間創出は準備が9割

「仕事をスムーズに進められるかどうかは、準備で9割が決まる」といった話を聞いたことはないでしょうか。これは、時間効率の改善を目指すといったテーマでよく用いられるフレーズです。

仕事に取り組む前に段取りを決めておくことは、それほどまでに重要な意味を持つのです。

「準備をする時間がもったいない」と考える人もいるかもしれません。しかし、事前に準備をしておくことが、先々の進行に大きな影響を与えるのです。

実際のタスクの進行を想定して準備をしておけば、どのようにすれば効率よくテキパキとタスクを進めていけるかを前もって見通すことができ、同時に**不測の事態に備えることができます。**

例えば、新しいタスクに取り組む際に、進め方を決めないまま行き当たりばったりで進めてしまうと、トラブルが発生しやすくなるでしょう。タスクの進行中に問題が発生すると、その都度、解決に向けた対処方法を考える必要が出てきます。

そうなってしまうと、スケジュールがどんどん後ろ倒しになっていき、目標として設定していた作業の完了予定が守れなくなってしまうかもしれません。

しかし、タスクを開始する以前に、前もって起こり得るトラブルを想定して対処方法を決めていれば、それほど大きな影響は出ないでしょう。もっと言えば、事前に段取りを決めて、あらゆるトラブルの可能性を想定していれば、**そもそもトラブルの発生を未然に防げていたかもしれません。**

このように、実際の作業に向けた下準備をしっかりと整えておくことは、タスクを進めていくうえで非常に有意義です。

適切な準備がタスクのスムーズな進行につながり、まったく準備をせずにタスクに取り組んだ場合と比べて、作業に必要な時間を大幅に短縮させられるのです。

今まで、仕事に取り組む前の準備をおろそかにしていたという人は、とくに本著で紹介する事前準備をするメリットや時短テクニックについて学んでいただきたいと思います。

時間創出ができるようになることは、誰にとってもメリットのあることなのです。

時間創出につながる行動を習慣づけて、日々の仕事で実践していくことが当たり前のことになるようにしましょう。

第1章

優先順位づけが時間創出の肝

01

タスクの優先順位決定は効率化の第一歩

仕事に取りかかるための準備のなかでも、一番重要なのはタスクの優先順位を決めることです。仕事では、一つの案件だけに専念するよりも、複数の案件を同時に進行することのほうが多いでしょう。マルチタスクを効率的にこなすためには、優先順位の決定が必須です。

仕事に優先順位をつけるのは当たり前のことのように思えます。しかし、漠然と考えてはいても明確に順位にしていない場合や、突発的に入ってきた仕事を先にこなそうとしてしまい当初つけたはずの順位を崩してしまう場合があります。タスクを今以上に細かくとらえて優先順位づけし、それに従って進めていくことが必要です。

■仕事を細かく分けることが効率化につながる

仕事に細かく優先順位をつけることで、２つのメリットを得ることができます。

１つ目は、**作業効率の向上**です。時間は有限ですが、あらかじめ作業の順番を決めておけば、時間をうまく配分できます。また、優先度の高い仕事を忘れたり、後回しにしてしまったりして慌てて残業してしまう……といった事態も防げます。

２つ目は、**仕事の質の向上**です。優先順位に従って進行の予定を立てておけば、締め切りまでの道筋が明確になり、自分の仕事の進捗に対する心理的な負担は軽減されます。ストレスが少ない状態を維持できれば集中して作業でき、仕事の質の向上にもつながるでしょう。

仕事の効率をさらに高めるには、各タスクの優先順位や取り組む順番をスマートフォンアプリや手帳にアウトプットしておくのがおすすめです。自分のキャパシティに対する業務量を可視化できるうえに、覚えておくことや思い出すことに努力をしなくてよくなります。**脳にかける余計な負荷を減らすことは、効率アップにつながります。**

02

スケジュールはゴールから逆算して細かく区切って管理する

仕事の質とスピードを向上させるには、明確なゴールの設定が必要です。ここでのゴールというのは、「○日までに納品」や「○日に発表」などの最終的な締め切りだけではありません。「○日までに進捗50％まで進める」「○日までに社内確認に回す」など、自分で細かく設定したマイルストーンも小さなゴールとして認識します。

スケジュールを短く区切るメリットは、やるべきことの全体像が俯瞰で見えやすくなる点です。そのために、まずはプロジェクトの最終ゴールから逆算したタスクと所要時間を、できる限り細かく区切って把握しておきます。

例えば、納品日が10月31日だとすれば、クライアントの最終検品は10月20日、社内の最終チェックは10月10日など、ゴールから手前の日付に順に設定します。

このとき、途中工程で期日がこぼれても巻き返しがきくように、ある程度バッファを持たせましょう。

スケジュール作成は、旅行の旅程表をつくるようなもの。ツアーの旅程表では、出発からホテルへのチェックインまでの行動を時間別に細かく記載しているため、参加者は不安を感じずにスケジュールの詳細をつかめますよね。仕事においては、ゴールを目的地、道のりをタスクと考えます。ゴールの期限から逆算して途中で迷わないように、各タスクの達成目標を一歩ずつ設定しましょう。

■まずは「簡単な仕事」の管理から始める

計画は**簡単な仕事から設定してください**。情報収集、議事録など負担の小さな仕事もゴールを設定してこなしていきます。工数の少ない仕事でスケジュール管理の練習をしておけば、負担の大きな仕事が入ったときも、心理的に過剰な負荷をかけることなく進行を管理し、タスクに取り組むことができるはずです。

また、大きなプロジェクトでタスクを管理する際は、タスクは細かく区切って無理のない進行管理を実践しましょう。

03

仕事運びを楽にするには3M（ムリ・ムダ・ムラ）削りが重要

複雑な仕事を任されたときに、どこから手をつけたらいいか迷ったことはありませんか。人は決断の回数や選択肢が多くなるほど、パフォーマンスが低下します。

パフォーマンスの質を維持するためには「3M（ムリ・ムダ・ムラ）」をなくして、**できるだけ仕事をスリム化しましょう。**スリム化によって、優先順位が考えやすくなり、仕事に手をつけるまでのスピードが上がります。

■3Mがないかは準備の段階でチェックする

3Mの1つ目は「ムリ」です。これは、納期や営業目標のゴール設定が実現する可能性が限りなくゼロに近い場合などが挙げられます。「ムリ」を実現しようとすると、ほかの仕事にしわ寄せが来たり、余計な負荷で仕事の質が低くなったりします。これらの**「ムリ」がないかは、案件が走り出す前に確認して**おきましょう。

次の「ムダ」は、3Mのなかでもとくに多く見受けられます。例えば混沌としたデスクから目当ての書類を探す時間や、ミスによるやり直しの時間などが該当します。「ムダ」が多いと集中力が削がれるうえに、時間を浪費するだけです。こういった**「ムダ」を減らすためには、自分の仕事を徹底的に整理整頓することで**対策します。

最後に「ムラ」ですが、繁忙期と閑散期の仕事量の差が大きいという外的要因のほかにも、スケジュールの立て方が甘く、最後に無理やり急いでなんとかするなど、内的な要因も挙げられます。準備の段階で**仕事の優先順位をしっかりつけ、最初から最後まで仕事の質を均一にすることが重要**です。

3Mは優先順位づけの最大の敵です。計画の段階でできるだけ3Mを減らすように心がけてください。そうすればきっと後の仕事運びが楽になるでしょう。

3M（ムリ・ムラ・ムダ）の代表例

ムリ

・短すぎる商品納期
・高すぎる営業目標

⇒案件が始まる前に点検

ムダ

・書類などの探しもの
・ミスによるやり直し
・ほかの人との仕事の重複

⇒仕事に着手する前に整頓

ムラ

・仕事の成果が均一でない
・毎月の売上差が大きい
・忙しい時期と暇な時期の差が大きい

⇒スケジュールを立てる際に調整

POINT

3Mを減らすことは、ゴールへの近道につながる。ムリ・ムダ・ムラがないかあらかじめ確認して、最短で仕事を進めていこう

04

タスクの「見える化」で手早く優先順位をつける

自分の仕事に3Mが潜んでいないかを確認するためには、業務全体を見渡す必要があります。しかし、頭のなかだけでタスクを整理しようとすると、確認漏れやダブりが生じたり、仕事の進捗状況や残量の確認に手間取ったりと、とても非効率的です。

そこで効果的なのが、**タスクをすべて書き出して「見える化」する方法**です。

まずは、メモやノートにタスクをすべて書き出してみましょう。このときのポイントは、繰り返しになりますが、自分が思っている以上に細かくタスクをとらえることです。この考え方は本書では何度も出てきますので、ここで押さえておきましょう。

また、それぞれの**所要時間も見積もっておくのも重要**です。

書き出し終えたら、一つずつ業務の優先順位づけをします。すべてを可視化することで、忙しくても漏れなく仕事を片づけていくことができるでしょう。

■タスクは思いついた順にどんどん書き出す

タスクを書き出していく段階では、**重要度や緊急度は考えないでおきましょう。**

ここでしておかなければならないのは、**仕事の検討、選択のために全体を俯瞰すること。**とにかく片っ端から抱えているタスクを洗い出すことが重要です。洗い出しの際には、「○○商事との商談」「営業会議」などと大まかな形で思いつくこともあるかと思います。後から細分化したり追記したりできるように、ノートやメモはあらかじめ線で区切り、ゆとりのある状態で書き出すとよいでしょう。

とくに見落としやすいのがルーティンワークです。

タスクを書き出すというと、重要度や緊急度の高いタスクばかり並べがちですが、「毎日必ず一定の時間を使う」**ルーティンワークにこそ、多くの改善点が眠っています。**

例えば、封筒の宛名書きなどの手作業をデジタル化できないか、書類の印刷といった単純作業を他人に振ることはできないかなど、自身の業務を細かく見直していけば、どんどん効率化していくことが可能です。結果、毎日の負担を軽減して、ほかの重要な仕事に注力する時間を創出できます。

また、タスクを書き出す際には当日や1週間先などの短期的なものだけではなく、1カ月、1年先と長期的に考えて必要なタスクも書き出しておきましょう。

営業の人であれば、今期の売上予算を達成するために必要な施策（テレアポや外回り）もあてはまります。**一つひとつのタスクの達成が大きな成功につながっていくようなロードマップを描ければ、モチベーションも上がるでしょう。**

このように、漠然としている仕事の全体像を「見える化」することで、目標を達成するためにやるべきことがどんどんクリアになり、取り組みやすくなります。

補足ですが、一見、業務に関係ないような上司との飲み会や送歓迎会の手配などのタスクも忘れず書き出しておくようにしましょう。仕事が忙しくてついうっかりお店の予約を忘れていたという失敗はよくあります。

タスクは大まかに書き出してから細分化していく

[○○商事との商談]

- アポイント 1h
- クロージング 1h
- 与信の申請 1.5h
- 契約書類の準備 1h
- 契約の締結 1h
- 契約書類の社内確認 0.5h（戻り 2d）
- サービス提供の手配 1.5h（戻り 2d）
- 開始の立ち会い 1h

[営業会議]

- 個人の実績の計上 1h
- チームの実績の取りまとめ 2h
- 会議資料の作成 1.5h
- 会議資料の印刷 0.5h
- 会議室の準備 0.5h
  →印刷と準備は後輩に依頼
- 参加 2h

[データ整理]

- 廃棄書類の選別 0.5h
- シュレッダー 0.25h
- 書類スキャン 0.25h

[×× プロジェクト]

- 市場調査 2h
- 資料作成 2h
- キックオフ MTG 1h

POINT

「商談」や「会議」のように大きなタスクは、上の例にあるようにスペースを半分に区切って横並びで書くのがおすすめ。大まかに書けたら、タスクごとに必要な作業を細分化して所要時間を見積もろう

■重要なのは「優先順位づけ」が適切かどうか

タスクを書き出すのは効率化の第一歩。重要なのは、書き出した後の優先順位づけが適切に行われているかどうかです。

あまり重要でない仕事に時間をとってしまい、気づけばより重要な仕事の締め切りが明日に迫っていたなんてことになってしまえば、「見える化」した意味がありません。

とはいえ、慣れていないと適切に優先順位を設定するのは簡単なことではありません。業務効率化は日々の意識のなかで精度が上がっていくスキルです。

詳しくは次のページで説明しますが、いままで感覚に頼って仕事をしてきた人は、まず「重要度」と「締め切りのタイトさ」を基準として優先順位をつけてみてください。

この2つの基準は、言い換えれば「どのような場面で使うのか」と「いつまでに終わらせるのか」です。書き出した仕事に対して、この2軸で考えることで具体性が増し、優先順位が明確に考えやすくなります。

05

重要度と締め切りまでの時間の2軸で優先順位を決定する

仕事の優先順位を決めるために押さえておきたいポイントは「重要度」と「締め切りまでの時間」です。その仕事がどれだけ大事か、または期限がタイトかを判断して、緊急度を見極めていくのです。

ただ、仕事をするうえでは、緊急度の見極めが難しい場合もあります。

例えば、「やるべきことリスト」のなかに、重役から急ぎでやってほしいと依頼された仕事と、顧客からの問い合わせに対する返信があるとします。

締め切りが決まっている場合は、**タイトなほうがより緊急性は高い**と判断できますが、そうではない場合や大差ない場合はどうでしょうか。重役の依頼に先に手をつけるべきだという人も、顧客への返信が最優先事項だという人もいるでしょう。

期限で判断しかねたときは、重要度を重視しましょう。重要度は**「仕事の質がもたらす影響の大きさ」と「属人性の高さ（自分でなければできないことか）」の2軸で**判断します。重役に依頼された仕事が「プレゼン資料の作成」であれば、自分の作成した資料の質が案件の獲得に影響するので、重要度が高いといえます。反対に「資料の印刷」であれば、誰がやっても同じですから、重要度が低いことは明らかでしょう。

ここで注意したいのは、依頼者が誰かよりも、**仕事の内容に照らし合わせて重要かを判断すべき**という点です。依頼者が重役であれ、クライアントであれ、たいして重要でない仕事は絶対に存在します。それを冷静に判断できないとすべての仕事を引き受けなくてはならなくなり、自分自身の首を絞めてしまいます。

書き出したタスクは次に紹介する4つの分類に分けてみることで、優先順位がつけやすくなると思いますので、実際にあてはめてみてください。

仕事の優先順位を決めるマトリックス

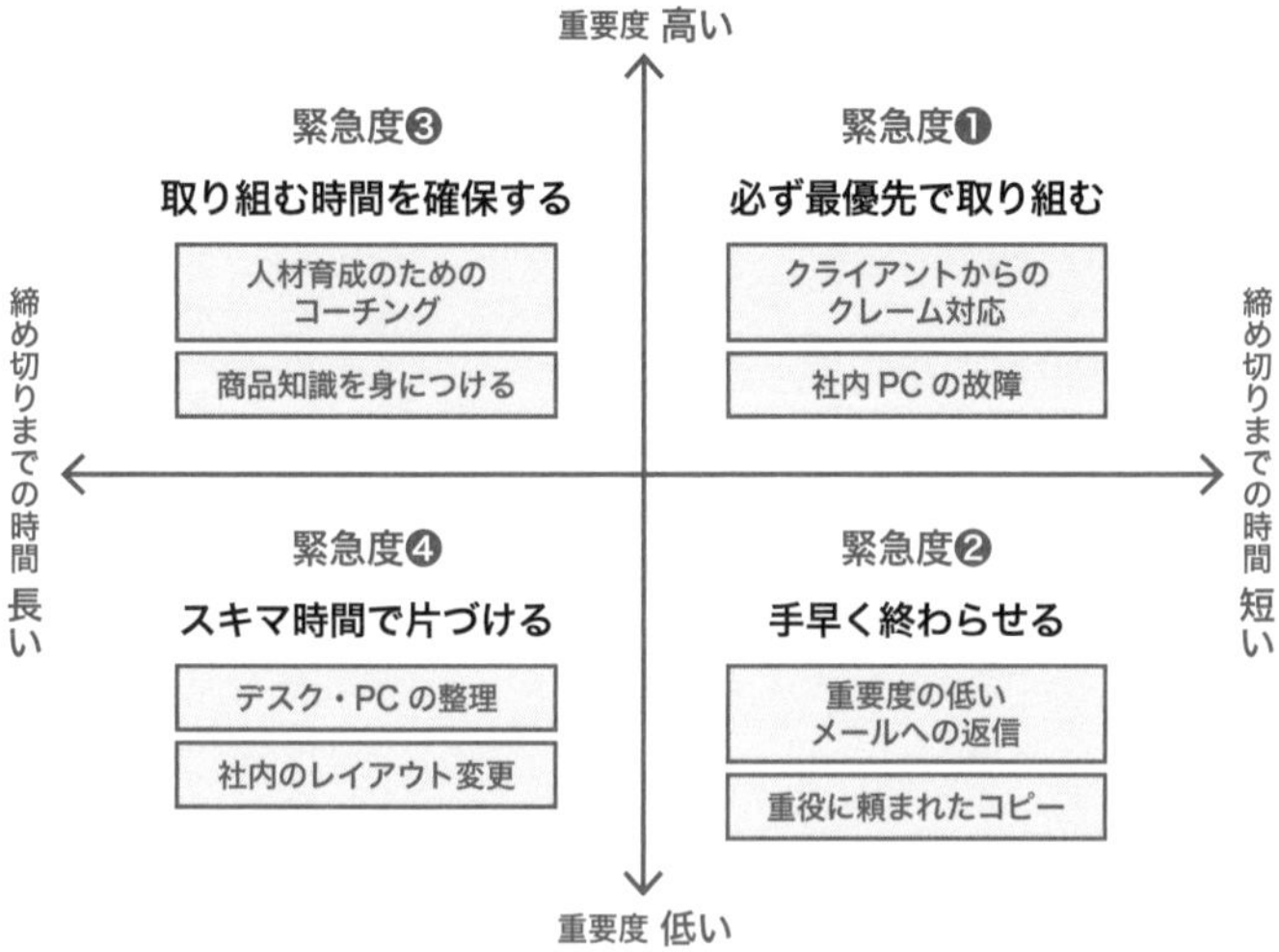

■タスクを４つに切り分ける

緊急度①のタスク

最優先で取り組むべきタスク。結果がもたらす影響が大きく、迅速に対応しなければならない仕事（クライアントからのクレーム対応や、頻繁に使う機器の故障など）が挙げられます。

緊急度②のタスク

依頼者が急いでいたり、締め切りまでの期間が短かったりするけれど、内容はあまり重要ではないタスク。手早く終わらせる必要がありますが、①のタスクに取り組んでいるなど、自身の時間に余裕がないときや締め切りに間に合わない場合は、**依頼された時点で断るか、ほかの**

人にタスクを振る必要があります。

緊急度③のタスク

緊急ではないが、内容自体は重要なタスク。人材育成のためのコーチングや、商品知識の習得、営業目標達成のための施策実施など、**長期的に見て取り組むべきタスク**が入ることが多いです。緊急性がないからと後回しにせず、取り組むための時間をしっかりと確保しましょう。

緊急度④のタスク

デスクやパソコンの整理など、いつやっても問題のないタスク。タスクのために時間を取るよりも、①や③をこなす合間に片づけておきたいですね。

いかがでしょうか。このように仕事のシチュエーションに応じて適切に分類することで、優先順位がつけやすくなるはずです。

迷ったときは、4つのマトリックスを参考にして仕事の優先順位を決めてください。

06 ルーティンワークはタスク同士のスキマで片づける

「見える化」して優先順位をつけるタスクには、ルーティンワークも例外なく含めます。ルーティンワークにも、月次の売上報告のように締め切りが設けられているものと、デスク整理など締め切りのないものがあると思いますが、いずれにせよ「いつ手をつけてもいい」タスクであることが大半です。これらの作業は、**締め切りの有無にかかわらず、必ずスキマ時間に片づけてしまいましょう。**

時間のやりくりはパズルです。忙しい人ほど「どの仕事からやるか」「いつやるのか」を意識して、無駄なく組んでいく必要があります。

ルーティンワークは扱いに慣れているので、タスクとして積まれていると、つい先に手をつけたくなります。しかし、ルーティンワークのためにまとまった時間を割いてしまうと、部下のコーチングなど「緊急ではないが重要なタスク」のための時間を圧迫してしまい、仕事の質に悪影響を与える可能性もあります。

■ルーティンワークをうまくこなすコツ

ルーティンワークをこなすための時間は、移動中や、大きなタスクが終わって一息つきたいタイミングで確保するとよいでしょう。**大きなタスク同士の合間に15〜30分のバッファを取るのも効果的**です。予定がずれても後ろに押さないばかりか、予定通りに終わればルーティンワークをこなすためのスキマ時間として活用できます。

反対に、**始業直後の時間でルーティンワークを行うのは避けておきたい**ところです。起床後の3時間は、1日のなかでも最も思考力や集中力が高まる、いわゆる「脳のゴールデンタイム」です。この時間帯は、企画書の構成など質の高さが求められる仕事や、重要な報告書の作成といったミスが許されない仕事にあてましょう。

07

仕事を抱えすぎないように ToDoリストにタスクを追加しない

やるべきことを可視化して管理するためには、その日に行う業務の内容を書き出したToDoリストの活用が効果的です。

ToDoリストには、その日のうちに対応するタスクの項目だけでなく、当日の業務をすべて完了させて定時で退社できるように、作業時間の見積もりも書き込みましょう。

業務の備忘録としての機能だけでなく、各作業にかかる時間の予測や、作業に優先順位をつけて効率化させることに有効なToDoリストですが、使用時には注意したいポイントがあります。

それは、**一度作業を開始したら、それ以降は新たな作業を追加しない**ということで

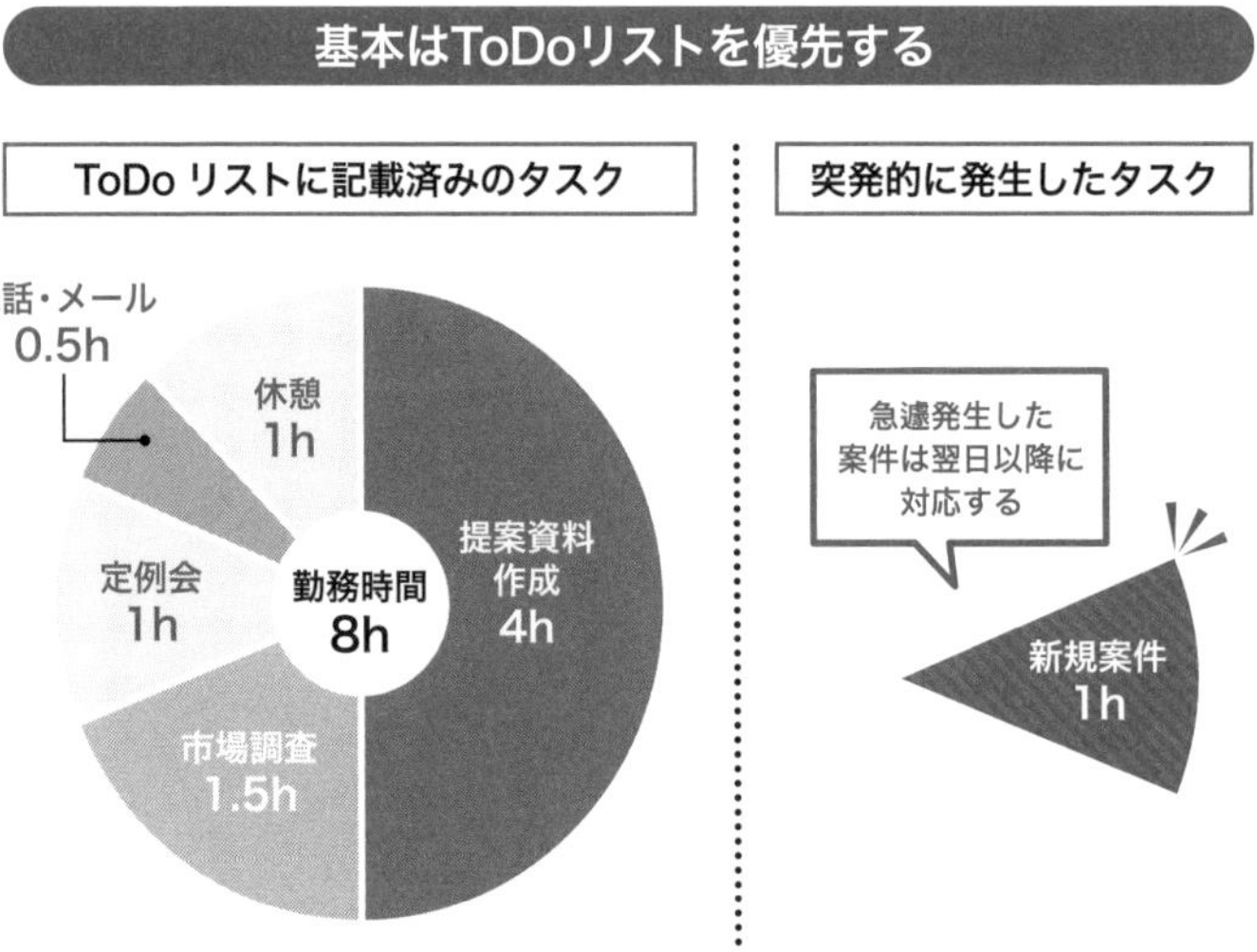

す。

新しく作業を追加すると、前もって考えておいたスケジュールや業務の優先順位づけが崩れてしまいます。こうなると、ＴｏＤｏリストは単なる備忘録としての役割しか果たせなくなってしまいます。

ＴｏＤｏリストを活用する際は、当日のリストに書かれている内容を優先する前提で取り組みましょう。計画した時間通りに業務をこなしていくことが、効率アップへの鍵です。

とはいえ、突発的に急ぎの仕事が発生す

るのはよくあること。
そのような場合は、新規の仕事が**必ずその日のうちに処理しなければならないものかどうかを検討しましょう。**

新規で発生した案件が、必ずしも当日中に対応しなくてもよいものであれば、翌日以降のＴｏＤｏリストに入れて、しかるべきタイミングで処理すればいいのです。

どうしても当日に対応しなければならない場合には、ＴｏＤｏリスト内のほかの作業と優先順位を比較検討して、改めて時間配分を決めていきましょう。
既存のリストにあった案件のなかで、当日中に対応する必要のないものがあれば、新規案件へ対応する代わりに、そのタスクを次の日のリストに移動させるといった対応も一つの手です。

08 余裕を持って対応できるよう仕事の初動を早くする

時間に十分な余裕があったはずなのに、仕事を後回しにしていて、気がつけば期限が目前に迫っていた……という経験をした人は多いのではないでしょうか。

このような仕事の「後回し」は、まさに時間創出の敵といえます。

仕事に余裕がある人は、この「後回し」の癖が圧倒的に少ないです。つまり、仕事**に着手するまでの初動が早い**のです。

仕事を早めに終わらせることができれば、自分でコントロールできる時間が増え、その分成果を上げることにつながります。

これがまさに「時間創出術」です。時間をコントロールできるようになれば、余った時間をさらなるステップアップにあてられます。

■仕事を後回しにしないための考え方

すぐに取りかかったほうがよいとわかっていながらも、人はなぜ仕事を後回しにしてしまうのでしょうか。

理由はさまざまありますが、代表的な原因の一つは、**その仕事を必要以上に困難なものに感じてしまい、避けたいという心理が働く**からです。目の前の仕事が、手のつけられない大きなものに見えてしまうと、「ほかの仕事をやっている間に何かよい方法が浮かぶに違いない」などと自分に言い訳をして、後回しにしてしまいます。

また、**「完璧」にこだわりすぎる**ことも、仕事への着手が遅くなる原因です。無意識のうちに「完璧な仕事」に囚われてしまっている人は多いです。そのような人は、取りかかる前からあれこれ考えすぎて思考停止に陥り、仕事が手につかなくなる傾向にあります。

いずれの原因も、**あまり深く考えずに「とりあえずやってみる」のが有効な対策です。**

単純な話ですが、そのときに考えても出ない答えは、いつになっても出ないものです。

であれば、とりあえず進み始めて途中で軌道修正をしていく方法を取るほうが、仕事を早く進めることができます。さらに、着手が早ければ誤りやミスを発見したとしても、余裕を持って対応できるというメリットもあります。

■まずは「大事な仕事」から着手する

いろいろな仕事にあれこれちょっとずつ手をつけては、行き詰まってほったらかしにするのも、よくある「後回し」の特徴です。

この特徴にあてはまる人は、優先順位のなかでも「重要度」が最も高い仕事から取りかかると決めておくとよいでしょう。

重要度が高い仕事は難易度も高いことが多く、その分アプローチを考えたり、提出前に内容をチェックしたりと時間が必要になりやすいです。

期限が迫って焦ることのないように、少しずつでも、まず進めてみることが大切です。

09

計画通りに進まないときは立ち止まって原因の大元を探る

ここまでも何度も触れましたが、仕事の優先順位をつけたり、どのように仕事を進めるかをあらかじめ決めたりしておくことは、時間創出に欠かせない要素です。

しかし、仕事を進めているうちに、計画そのものの見直しを迫られることも出てくるでしょう。とくに、**計画通りに仕事が進まないときは、やり方や段取りそのものに問題のある場合が多い**ので、一度立ち止まることがゴールへの近道になります。

■「なぜ」を繰り返して原因を掘り下げる

計画の修正には、まず失敗した原因の正確な把握が必要です。**埋もれている原因を探し出し、検証するために「なぜなぜ分析」を活用しましょう**。なぜなぜ分析とは、問題に対して問いかけを繰り返して原因を検証し、対策を練る思考法です。

例として、「○月の売上が○％低下し、目標未達となった」という課題を分析してみましょう。

「売上が低下した」↓（なぜ？）↓「自社サイトのコンバージョン数が低下したから」↓（なぜ？）↓「サイトのセッション数が前年比で低下したから」↓（なぜ？）↓「記事やメルマガの配信回数が減少したから」↓（なぜ？）↓「コンテンツのネタが切れてしまったから」↓（なぜ？）↓「前もって配信コンテンツを検討できなかったから」（なぜ？）↓「企画を検討する場を定期的に設けていなかったから（大元の原因）」↓（どうする？）↓「2週間に1回、コンテンツのネタ出しのミーティングを行う（具体的な対策）」となります。

また、「なぜなぜ分析」を行う際は、次の4つに留意して行いましょう。

①課題を具体的に設定する

「営業成績が下がった」のような漠然とした問題点ではなく、「○月の売上が下がった」「顧客単価が低下した」など具体的で、対策を考えられる問いを立てましょう。

②複数の要素をまとめない

議論が抽象的にならないように、「なぜ」に対する答えは簡潔に書き出します。複数の要素が含まれている場合は要素を分解し、別々に掘り下げを行いましょう。

③原因を個人に求めない

担当者の性格や能力不足など、属人的な要素は排除しましょう。目的はあくまで、職場環境や仕組みなどに対してチームや社内全体で対策を取ることです。

④現象をつなげて考えていく

例えば、「定時で帰れない」→「仕事が多いから」という分析では、事象の間に具体的なつながりがありません。「定時で帰れない」→「予定外の仕事が増えた」→「依頼された仕事を断らなかった」と論理が飛躍しないよう進めていく必要があります。

進行の変更でも、原因を探って対策を立てることで、変更後の計画がより洗練されたものになり、まっすぐに目標に進んでいくことができるはずです。

10 規模の大きな仕事は「二等分法」で作業を細分化して取り組む

大がかりな作業が必要な案件では、業務の細分化がさらに重要となります。規模の大きな案件は仕事に関わる人数も多くなるので、その分トラブルが発生しやすくなり、大幅な時間ロスをしてしまうことがよくあります。

規模の大きな仕事に取り組む際は、二等分法の活用が有効です。二等分法は、仕事に必要となる作業を「これ以上分解できない」ところまで分解し続けていくタスク管理のテクニックです。

作業内容を細分化すると、一つひとつのやるべき作業が簡易化されるため、まず何から進めていくべきか、仕事が予定通りに進んでいるかを把握しやすくなります。

二等分法の例

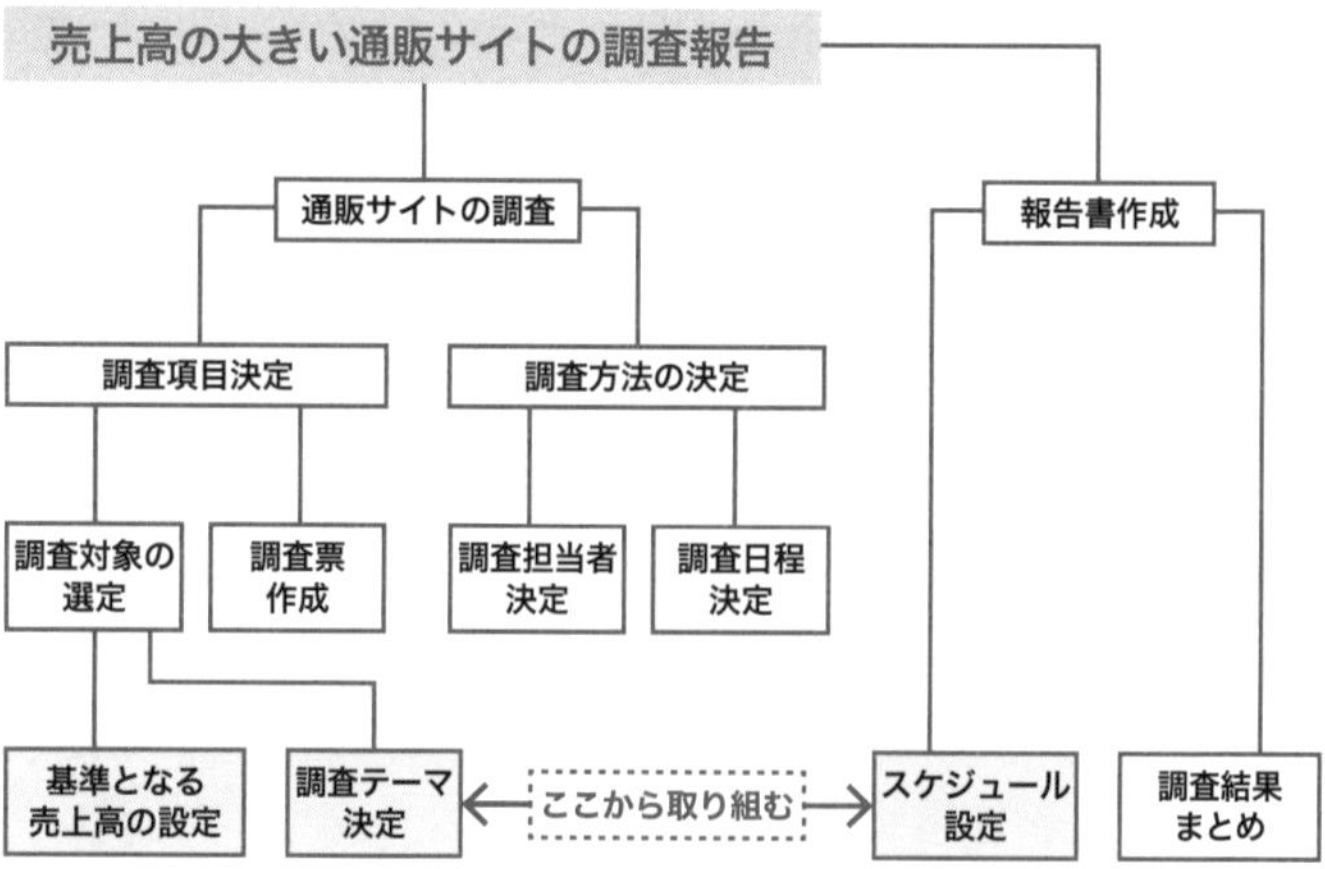

例えば「売上高の大きい通販サイトの調査報告」という業務であれば「通販サイトの調査」と「報告書作成」の2つに分割できます。

さらに、それぞれの業務の分割を繰り返していき、**もう分けることができなくなるまで細分化しましょう。**

最後には、簡易化されたたくさんの作業が残るので、優先順位を決めて一つずつ取り組んでいきます。

この方法を使えば、どれほど規模の大きな案件でも作業を簡略化して着実に進めていくことができるようになるでしょう。

■仕事は自分がすぐにこなせるサイズまで分割する

二等分法の業務の分け方には、明確な基準はありません。

しかし、一つひとつの業務のサイズをなるべく小さくできれば、スムーズな進行につながります。

ですから、分割を進める際は、**自分がその作業をするのに心理的抵抗を感じなくなるまで細かく分ける**のが一つの目安です。


分割が終わったら、**項目の最後尾の業務から着手していきましょう。**

この最後尾の業務を「第一段階」の業務として、末端から一つずつ上層の段階の業務を進めていけば、全体の進捗がわかりやすくなります。


もしも一番下の階層の分割が完了した後に、ほかにやらなければいけない業務が見つかった場合には、一番下の階層の最後尾につけ加えるようにしましょう。

11

細かい部分は気にせずに進めて最後にまとめて修正する

報告書や提案資料などの作成に取り組む際に、ミスが出ないように細かくチェックしながら進めていく人もいるでしょう。

仕事に丁寧に取り組むのはよいことですが、効率的に仕事を進めていこうとする場合には、丁寧さがマイナス要素となってしまうことがあるので注意が必要です。

効率を重視するのであれば、細かい部分は気にせずにどんどん作業を進めましょう。

そのような姿勢で仕事に取り組んでいくと、ミスが多発してしまうのではないかという不安がでてくるかもしれません。もちろん、こまめなチェックをやめた場合は、資料に誤字脱字や理路整然としていない文章が多く出てきてしまうでしょう。

しかし、**修正は後からまとめてするほうが効率的です。**

ミスがないかついつい気になってしまう気持ちもわかりますが、これまで、細やかなチェックを繰り返しながら作業に取り組んでいた人は、**大幅に時間を短縮させて時間創出ができるようになりましょう。**

■全体像を見渡すと大枠の誤りに気づきやすい

作業途中にこまめに修正しながら進めていく場合は、そこまで完了した作業だけしか見返すことはできません。一方、完了後にまとめて修正箇所の有無をチェックするのであれば、**作業内容の全体像を見返すことができます。**

全体を俯瞰して見てみると、大枠での方向性の誤りや全体の流れにおける統一感の欠如といった、細部を確認しただけでは気づくことができない問題箇所の発見にもつながります。

こまめにチェックしながら作業を進めていても、完成後に全体を見直すと構造的な問題点が見つかってしまうことがあります。

そうなってしまうと、大がかりな修正が必要となり、多くの時間と労力を割かなければならなくなってしまうでしょう。さらに、それまで細やかなチェックに費やしてきた時間がすべて無駄になってしまいます。

作業の内容が大がかりであればあるほど、作業を進行させている間は、構造的な誤りに気づくことができないものです。

規模の大きな案件に取り組む際には、一歩引いた視点から全体の流れを把握するためにも、ディテールにこだわって細かくチェックしながら進めていくのではなく、ひとまずは最後まで作業を進めるほうが効率的です。

小さなミスが発生するのはやむなしと考え方を変えて、全体を俯瞰して見る意識で取り組みましょう。

第2章

時間に対する意識を変える

01

普段から意識して時短に取り組む癖をつける

時折、誰かが「1日24時間では足りない」といった趣旨の発言をするのを聞くことはないでしょうか?

そのような発言をする人は、ほとんどの場合、仕事で成果を上げてプライベートも楽しむ、充実した日々を過ごしています。

彼らにしてみれば、24時間しかない1日の時間は非常に貴重なもので、「時間を浪費するのは言語道断」でしょう。

この考え方こそが、時間創出のための重要な鍵です。つまり、時間を大切なものだと考えて、時間の浪費をもったいないことだと認識することが重要なのです。

このような思考を持ち続けていると、毎日の仕事や生活に、時短を意識した行動を取り入れていくことにつながります。

普段取り組んでいる仕事のなかには、まだ気づいていないだけで、工夫一つで大幅に効率化を図れる作業があるかもしれません。

時短できるポイントがあるのにもかかわらず、改善しないままほったらかしにしているのであれば、それは時間を浪費しているのと同義です。

時間の浪費を防止するためには、日常のなかにある無駄を発見し、取り除くという行為を繰り返していくことが重要となります。

そのような行動を積み重ねていけば、自然と時間創出のスキルが上達していき、今よりももっとたくさんの時間を持てるようになるでしょう。

02

作業のデッドラインを設定して無駄な時間をなくす

業務時間中の同僚との雑談や、インターネットで調べものをしていてたまたま目についたサイトの閲覧など。本来業務に関係がない行動によって、仕事中に時間を浪費してしまった経験に心当たりがある人は多いのではないでしょうか。

大小程度の差はあれども、**多くの人は業務中に余計なことに時間を費やしているもの**です。業務を進めるうえで「無駄」といえるその時間を、集中して仕事に取り組むことにあてれば、大幅な時間短縮が見込めるでしょう。

そのために有効なのが、**自分なりのデッドラインの設定**です。この場合のデッドラインは業務の締め切りではなく、「いつまでに完成させるか」を自分のなかで決めておくことです。

自分なりに前もって明確な終了時間を設定しておくと、タイムスケジュールを意識して仕事を進められます。

また、時間を意識すると、自然と業務に関係のないことに割く時間が少なくなり、集中して取り組む姿勢が強化できるでしょう。

例えば、多くの人に共通して設定できるデッドラインとして、**「必ず定時で帰宅する」**という目標があります。

定時までにその日のタスクをすべて完了させる前提で、どの作業を何時までに完了させるかの段取りを決めて業務を進めれば、無駄な時間が削減されて、退社後に自由に使える時間をこれまでより多く持てるようになるでしょう。

このように、仕事に振り回されて時間を浪費するのではなく、限られた時間のなかでどのように仕事を片づけるか考える思考が重要です。

03

リスト化したタスクは必ず時間配分を記入する

1章で、ＴｏＤｏリストを活用してタスクを可視化させることをおすすめしました。一般的なＴｏＤｏリストは、やるべき項目のみが箇条書きされているのでタスクの抜け漏れチェックに効果を発揮しますが、時間創出のためにも、もう一段機能性をアップさせて活用していきたいもの。

そこで、リストに時間を書き添えて、時間に対する意識を高める活用方法をおすすめします。

リストを作成する際には、効率性を上げるために、各タスクの横に大体どのくらいの時間で完了させられるかの目安を考えて記載しましょう。実際にタスクを進める際には、業務完了の目標時間として活用します。

ToDoリストには実際にかかった時間も記入

9/3	ToDo（タスク）	所要時間（予想）	所要時間（実際）
午前	連絡業務	1h	1h
	報告書作成	0.5h	0.5h
	社内打合せ	1.5h	1.0h
午後	提案資料作成	2.5h	3h
	顧客訪問	3.5h	4.5h

さらに、作業完了時には目安の時間の横に、**実際にその作業にかかった時間を記載**します。

これは、今後内容が近い作業をする際に、前回どのぐらい時間がかかったのか参考にするためです。

ＴｏＤｏリストに記載した時間を意識することを日常的に続けていけば、業務のスピードアップにつながっていくでしょう。

こうしてＴｏＤｏリストを活用すれば、仕事にかかる時間を意識する習慣ができます。時間への意識が根づけば、時間創出術が上達していくでしょう。

04

その日の仕事を進める流れを始業前にシミュレーションしておく

始業とともに最高のスタートダッシュを切って仕事を始めるためにやっておきたいのが、当日に行う**業務の事前シミュレーション**です。

事前シミュレーションは、業務の流れをイメージすることで仕事をスムーズにこなせるだけでなく、時間に対する意識の掘り起こしにもなります。また、当日の自分がリストをこなせるかどうかの確認にもなるでしょう。

事前シミュレーションは、ToDoリストの内容に沿って進めると具体的なイメージがつきやすくなります。「朝礼・10分」「メール返信・20分」「取引先への電話・10分」「部内定例ミーティング・1時間」といった、リストに書かれている項目を順番通りに進行させていく様子をイメージしましょう。

始業と同時にシミュレーションに取りかかれるように、ＴｏＤｏリストは、前日の仕事終了時までに用意しておくのが理想的です。

■始業後最初の5分をシミュレーションに有効活用する

仕事の事前シミュレーションをするといっても、「帰宅後は仕事のことは考えずにゆっくりしたい」「朝は出かける前の準備が慌ただしく、シミュレーションの時間なんて取れない」といった人もいるでしょう。

そんな人は、**始業後の5分間を活用するの**がおすすめです。

もちろん、この時間もＴｏＤｏリストに入ります。

最初は面倒だと思うかもしれませんが、見えない業務を可視化するための訓練だと思って取り組んでみてください。

きっと費やした以上の時間を創出することにつながるでしょう。

05

スケジュールの見直しは始業前、昼休憩、終業後の3回

事前に段取りを決めておいたのに、スケジュール通りにタスクを進められなくなってしまうのはよくある話です。

仕事には変更がつきものなので避けられない場合も多くありますが、なかにはスケジュールをうまく活用し切れていないように見受けられるケースもちらほら存在します。

当然のことながら、スケジュールは一度組んだら終わりではありません。ことあるごとに見直しをして、進捗に問題がないかを確認することが重要です。

もしも、タスクに大幅な遅れが出ているのにもかかわらず、つくった当初のスケジュールに固執して見直しをしないままでいると、どこかで必ず進行に無理が発生して

しまうでしょう。

スケジュールの見直しでは、**確認のタイミングを固定して定期的にチェックするのがポイントです。**

おすすめなのは、「始業直後」「昼休憩前」「終業時」の3回。

始業直後の確認は、62ページで紹介した仕事の事前シミュレーションを行います。昼休憩前の確認では、午前中の進捗をスケジュールと比較して点検しましょう。この時点で大幅な遅れがあり、午後の予定に無理が出ていると判断されるなら、予定を組み替えて、スケジュールの整合性が取れるように調整してください。

スケジュールがただの予定表にならないように、見直しは欠かさず実施しましょう。

確認の回数は1日3回以上になっても問題ありません。むしろ確認するポイントが多ければ多いほど、スケジュールに無理が出た際の早期発見につながります。

06

退勤前の10分でPDCAを活用して日々業務を改善させていく

1日の業務の締めくくりに、毎日退勤前の10分を使って、その日の業務を振り返りましょう。この振り返りは、その日の業務のなかで感じた良かった点や反省点をピックアップして、明日の効率改善に活かすための時間にしてください。

業務の振り返りを毎日の習慣とすれば、日々の業務の無駄が見えてくるはずです。同時に、**常に新たな課題がアップデートされていく状況をつくり出せるため、**スキルアップや対応できる業務範囲の拡大など、大きな成長につながります。

振り返りには**「PDCAサイクル」**を活用しましょう。

仕事をしていると、PDCAサイクルという言葉をよく耳にすると思いますが、日々の仕事にどのくらい活かせていますか？

ＰＤＣＡサイクルは、そもそも**継続的な業務改善**を繰り返していくことを目的に使用されるフレームワークです。そのため、業務の効率化にはうってつけの手法です。

Ｐｌａｎ（計画）、Ｄｏ（実行）、Ｃｈｅｃｋ（確認）、Ａｃｔｉｏｎ（改善）の４つのステップを繰り返して、回数を重ねるごとに業務の精度を高めていきます。

１日の業務の振り返りにＰＤＣＡサイクルを活用する場合はＣｈｅｃｋのステップからスタートさせます。

①その日の仕事が計画通りに進んだかを確認（Ｃｈｅｃｋ）
②改善すべき箇所があれば対策を検討（Ａｃｔｉｏｎ）
③改善箇所を踏まえて次の日の業務に計画を策定（Ｐｌａｎ）
④計画に沿って業務を進める（Ｄｏ）

このように、４つのステップを活用していけば、日々業務の改善を進められます。

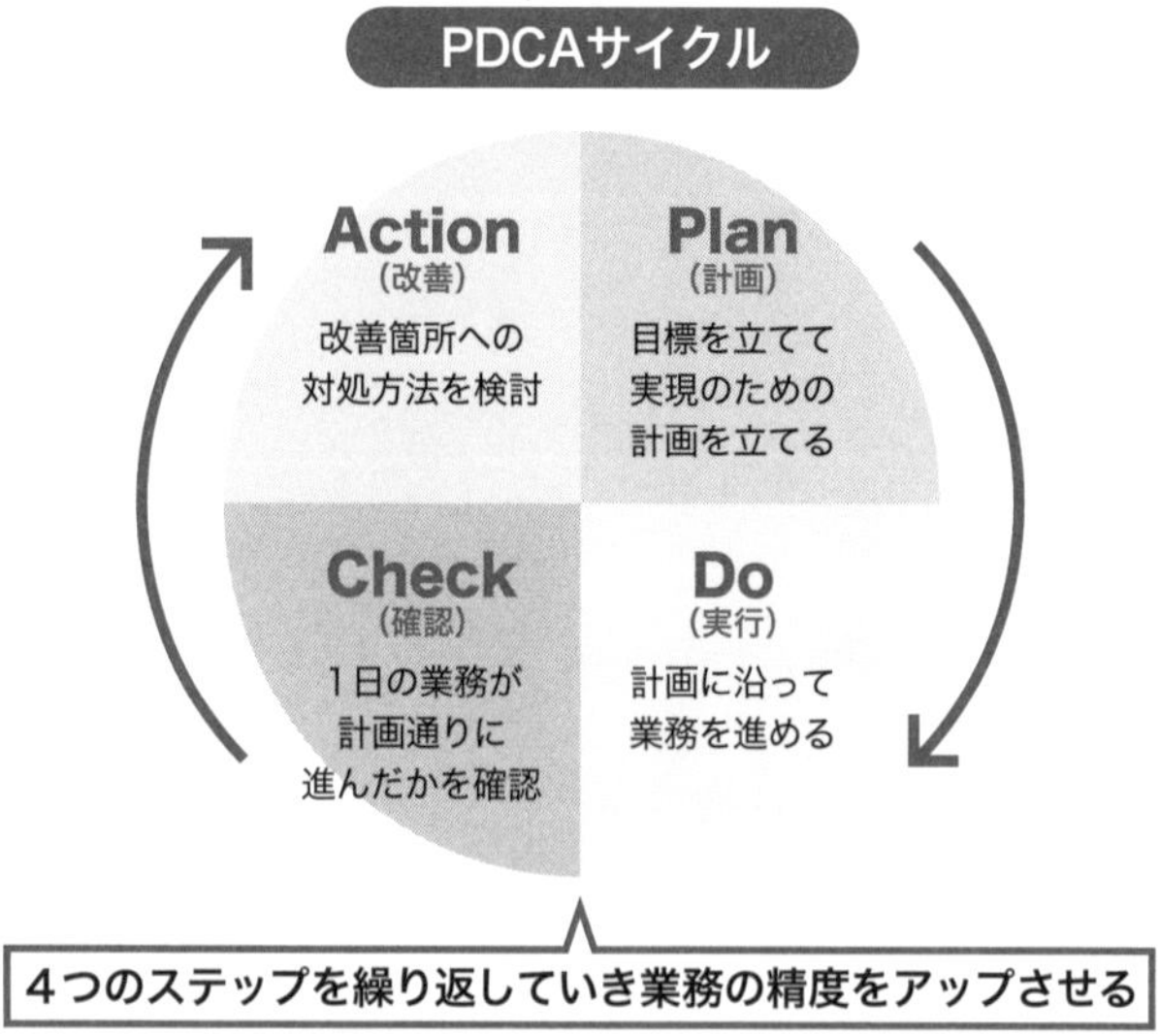
PDCAサイクル
Action
（改善）
改善箇所への
対処方法を検討
Plan
（計画）
目標を立てて
実現のための
計画を立てる
Check
（確認）
1日の業務が
計画通りに
進んだかを確認
Do
（実行）
計画に沿って
業務を進める
4つのステップを繰り返していき業務の精度をアップさせる

■気づいたことは細かくメモを取る

日々の業務での気づきが、改善に向けたポイントとなることがよくあります。

1日の業務の7～8時間の間には、実にさまざまなことが起こるため、業務のなかで細かい気づきがあっても、その後にインパクトの強い出来事が起きると、気づきが記憶のなかに埋もれてしまうかもしれません。

せっかく得た気づきを見失わないためにも、日々気がついたことをメモする習慣を持ちましょう。

07 検証を繰り返して予想と現実の時間の誤差を縮める

60ページで、ＴｏＤｏリストに業務にかかる予想時間と実際にかかった時間を記載するテクニックを紹介しました。おそらく、慣れない間は多くの人が、**予想時間よりも実際の時間のほうが長くかかる結果になる**と思います。

このとき、実際にかかる時間を予想した時間に近づけるためにも、**ＰＤＣＡサイクルの活用が有効**です。

予想と現実の間の誤差がなぜ発生してしまったのかを検証し、改善案を考え、計画を立てて行動に取り入れていくプロセスを繰り返していけば、少しずつ両者の間の差が縮まっていくでしょう。

■小さい時短も日々の業務で続けていけば大きな時間創出になる

ＰＤＣＡサイクルを活用し、日々の業務の時間短縮ができるようになると、それが積み重なって大きな時間創出になっていきます。

仮に、日々の業務を30分短縮できたとします。１日で見るとたったの30分に思えますが、週５日働くと計算すると２時間30分もの時間短縮です。２時間30の時短が毎週続くとなれば、その影響は甚大です。

また、予想時間と実際の時間の差を少なくできれば、今よりも**正確な作業時間の見積もりが出せる**ようになります。そのスキルは、正確なスケジュールを引くことをはじめ、さまざまな場面で役立つものです。

作業時間を見積もる目を養って、事前準備のレベルアップを目指しましょう。

08 仕事に取り組む前に求められる完成度を見極める

仕事は、必ず100％の完成度で、決められた期限までに完了させるのが当然だと考えている人も多くいるでしょう。

確かに、高い完成度を目指すのは重要ですが、業務が集中しているタイミングでは、同時進行しているすべての業務を高い完成度で進め、期限内に完了させることが困難な時もあります。

しかし、完成度を追い求めるあまりに、事前に定められた期限を引き延ばしてしまうと、「時間の管理ができない人」という印象を持たれてしまうことになりかねません。

そのような局面を打破するためには、**時には仕事のクオリティを落としてでも、締め切りを厳守する姿勢が求められます。**

もちろん、仕事のクオリティを下げることはよいことではありません。そのため、**100%を目指さなくてもいい仕事の選定**が重要です。

例えば、顧客に提出する提案書は極めて重要度が高い資料であり、低いクオリティで提出してしまうと、相手に「仕事のレベルが低い会社」と思われてしまうかもしれません。そのため、社外に向けて提出する資料のクオリティを下げるのはできる限り避けて、社内閲覧用の資料に優先して目を向けましょう。

取引先に商品を納品する場合であっても、**案件や相手の会社との関係性によって重要度の違いはあるものです**。そのような兼ね合いを考慮して、どの仕事の完成度を調整するかを決めていきましょう。

新しく仕事を受けたら、**最初にどのぐらいの完成度で提出するかを考えるようにし**ておくと、先の見通しが立てられ、仕事をスムーズに進行させられるようになります。

09

1コマ＝25分に区切るポモドーロ・テクニックで業務に短期集中

効率よく仕事を進めるためには、集中した状態をうまく活用することが重要です。人間が一度に集中した状態を持続できるのは、90分が限界といわれています。そのため、やみくもに仕事を進めるのではなく、時間配分の工夫が必要です。

ここで紹介したいのが「ポモドーロ・テクニック」と呼ばれる時間管理の手法です。このテクニックでは、タスクの時間を1コマ＝25分に分割します。1コマの作業が完了したら5分間の休憩を取り、再び次の25分でタスクに集中するという流れで仕事を進めます。

この方法を活用すれば、**短時間で集中して業務を終わらせる意識を持って仕事を進める習慣づけが可能です。**

ポモドーロ・テクニックでタスクを1コマ25分に区切る

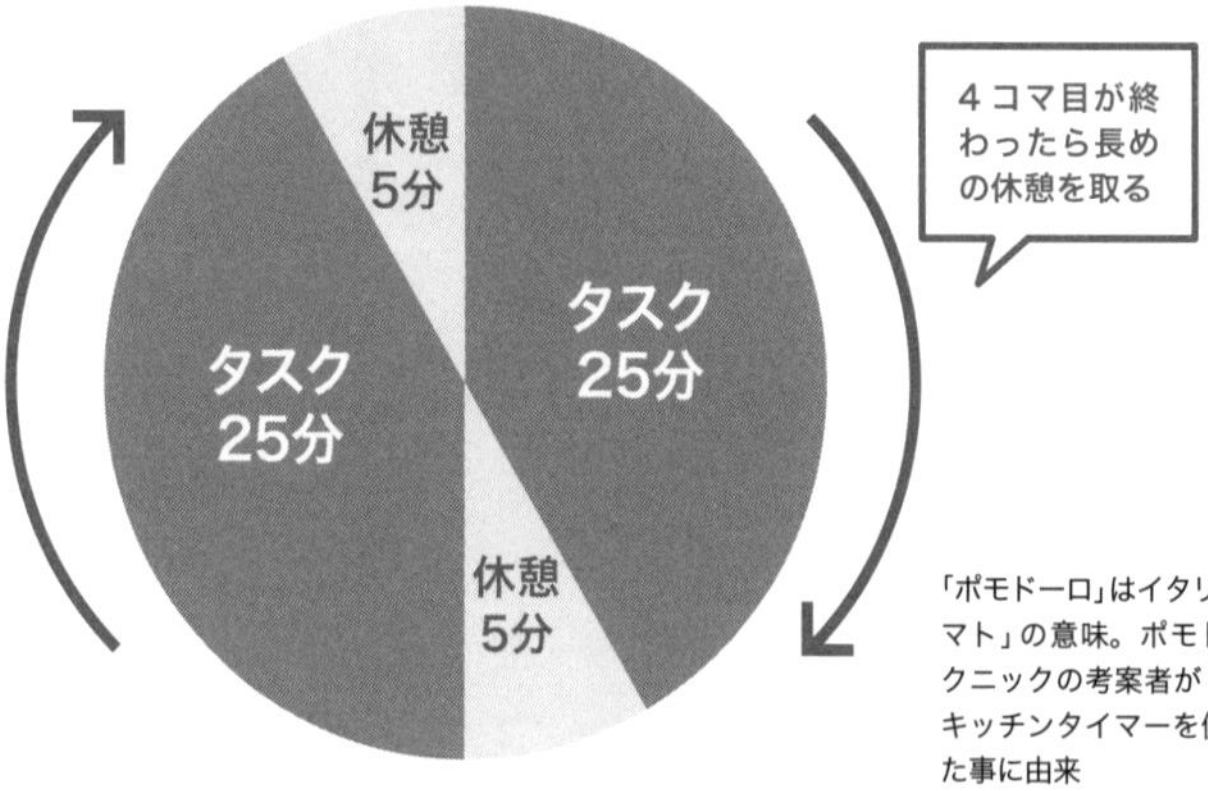

「ポモドーロ」はイタリア語で「トマト」の意味。ポモドーロ・テクニックの考案者がトマト型のキッチンタイマーを使用していた事に由来

また、1コマを細かく区切って間に休憩を挟むことで、作業にメリハリが生まれるので、モチベーションの維持にも効果が得られるでしょう。長時間じっと作業していると、集中力が途切れやすいと感じている人に適した方法ですから、ぜひ取り入れてみてください。

ちなみに、ポモドーロ・テクニックで決められている1コマ＝25分という時間には、明確な根拠はありません。25分がしっくりこなければ、1コマをより自分に適した時間で区切って実践してみましょう。

10 1日の仕事のなかで作業時間が長い上位20％の仕事を見直す

日々の業務を効率アップさせていくためには、まずは、日常の業務でどの作業にどのくらい時間がかかっているかの現状分析が有効です。

各業務に要している時間を調べる際には、実際の業務時間を記入したＴｏＤｏリストを活用しましょう。

それぞれの業務にどのくらい時間がかかっているか判明したら、作業時間が長い順に並べてみましょう。並べ替えができたら、上位20％の業務に着目します。

人によって差はありますが、上位20％の業務にかかる時間が、業務全体の80％に匹敵する場合も少なくありません。

つまり、長く時間がかかる上位20％の業務を改善し、時短を進めることができれば、**手っ取り早く大幅な効率改善をもたらせる**可能性が高いのです。

少し手間のかかる作業ですが、課題を見つけるためには現状分析の実施が必要不可欠です。これも一つのタスクだととらえて、時間を取って取り組みましょう。

また、現状分析を進める際は、時間以外に**業務の重要度合い**も考慮すべき内容となります。

その作業が、必要不可欠な「Ｍｕｓｔ」なのか、やったほうがよいレベルの「Ｗａｎｔ」なのかによって、見直しの度合いも変わります。

Ｍｕｓｔの業務ではなく、なくてもなんとかなる**Ｗａｎｔの業務から優先的に見直し**を進めましょう。

11

ゴールと同様にスタートの期日も後ろ倒しにならないように注意する

仕事を計画的に進めていくためには、ゴール設定が重要となるのはいわずもがなです。しかし、あらかじめゴールの設定をしていたにもかかわらず、いつのまにか予定が崩れてしまい、期限ギリギリになってしまったという経験は多くの人がお持ちでしょう。

期限がギリギリになると、急ぐあまりにミスが発生したり、作業が荒くなりクオリティが低下したりといったマイナスの影響が発生しやすくなるため、できる限り避けたいものです。

前もって決めたゴールへ向けて予定通り業務を進められなくなる時は、スタートの

設定ができていないことが原因となっているかもしれません。業務を進めるうえでは、ゴールばかりが注目されがちですが、**同様にスタートの設定も重要な意味を持つ**のです。スタートするタイミングをしっかり決めておかないと、「まだ大丈夫」といった気持ちやほかの案件の忙しさによって、その仕事にかけられる時間がどんどん削られていってしまうものです。

新しい案件の段取りをする際には、ゴールと同様に仕事を始める日時もしっかり決めておきましょう。

また、あらかじめ設定した日時になったら、必ず予定通りにスタートさせることが肝心です。

スタートが遅れてしまうと、どこかで無理をしないと遅れを取り戻せなくなってしまいます。そのため、ゴールの期限を守るのと同じく、スタートも前もって定めた予定通りのタイミングを遵守することが求められるでしょう。

12 長期間を要する案件ではこまめな業務チェックが重要

数カ月以上の長期間を要する案件では、毎日忙しく目の前の仕事に向き合い続けていると、そもそもの案件の目的や自分の役割などがぼやけてしまうことがあります。そのような状態になると、**業務に対する取り組み方が粗くなり、抜け漏れが発生しやすい状況になってしまうものです。**

長期間かかる案件でもブレずに仕事に取り組み続けていくためには、**一定期間ごとにチェックポイントを設けて、**進捗に無理が出ていないか、案件の全体の方向性が間違っていないかといったことを調べる必要が出てくるでしょう。

長期で進める案件が複数名からなるチームで進めるプロジェクトである場合は、とくに注意が必要です。

チームでは各メンバーが異なる役割を持って業務を進めていくため、いずれかの役割の業務に遅れが発生しても、ほかのメンバーはなかなか気づけません。

そのような状況を避けるためには、**定期的にプロジェクトに参加するメンバーでミーティングを開催し、全体の進捗を確認する場を設けるのが有効です。**

また、ミーティングでは、どれくらいの情報粒度で内容を共有するかの共通認識を持つことが重要です。必要な情報を共有し合えないと、ただ集まるだけになってしまい、それこそ時間が無駄になってしまうので、話すべき内容は事前にしっかりと決めておきましょう。

「ミーティングの時間がもったいない」と思う人もいるかもしれません。しかし、関わる人数が増えると、その分トラブルが発生する可能性も高くなります。

そのため、複数名で進める作業では、時間を惜しまずにこまめにメンバー同士で作業状況の確認をしていくことが大切です。

13 キーマンの予定を把握し社内手続きをスムーズに進める

新しいプロジェクトの進行では、計画から施策実施までのスピードが肝心です。規模が大きくなるほど、予算や新規顧客の与信など**承認を得る事柄が増えていきます。**

しかし、いざ計画を始動させようというときに、「プロジェクトの決裁者が出張で2週間いない」などとなってしまうと、走り出しからつまずいてしまいます。とくに大きな企業では決裁者が複数いるケースが多く、たった一人の決裁が遅れたために進行全体が大幅に遅れてしまうことにもなりかねません。

■決裁者が多忙な場合は予定を1カ月前から押さえる

スケジュールの遅延を防ぐためには**キーマンの予定を押さえておくことが必須です。**

これは意外と忘れがちなタスクです。必要な申請をいつ提出するか、いつごろまでに決裁をもらえるかの根回しをしておき、社内の手続きで仕事の進行が滞らないようにしましょう。

とくに決裁者がプレイングマネージャーの場合、提出1カ月前には本人に予定を確認しておきたいところ。プレイングマネージャーは、「現場での仕事」と「部下の育成や管理、組織の指揮などのマネジメント」の両方をこなす立場です。多くの仕事を抱えているため、しばしば申請の確認が後回しになることもあります。

一方で、いきなり提出して承認を得ようとする人もいますが、相手の時間を奪うことになってしまいます。スムーズな進行のために避けましょう。

スケジュール確認の際は、仕事の概要はもちろん、**どのようなポイントで決裁が必要かも説明し、重要性を理解してもらいます。**

決裁者も忙しいなかで、申請をチェックする前に上層部に根回しを行うなど、段取りを立てて行動しているものです。組織全体がスムーズに動けるよう、自身だけではなく、ほかの人の事前準備時間も意識し、相手がスケジュールを立てやすくなるよう意識しましょう。

14 デジタルツールを活用しスケジュールは一元的に管理する

スケジュール管理には、手帳などのアナログでの管理だけではなく、スマートフォンアプリなどのデジタルツールを活用する方法もあります。

デジタルツールへ移行中の人や、併用している人もいるかもしれませんが、併用はおすすめできません。転記する際に抜けや漏れが生じてしまう可能性があるからです。どちらで管理するにせよ、**自身のスケジュールは一元的に管理しましょう。**

デジタルツールでスケジュール管理を行う最大のメリットは、アクセス性の高さです。例えばＧｏｏｇｌｅカレンダーなら、**スマートフォンとパソコンでの同時管理や、ほかの人との共有が簡単にできます。**また、予定の期日を通知してくれたり、スケジュールの修正が簡単にできたりする点も魅力的です。

■情報流出防止のための対策は必須

スケジュールには、部署や社内での予定のみならず、取引先との打ち合わせなど、他社の重要な情報も記入されているケースがほとんどです。個人で管理していたスケジュールが外部に漏れ、会社規模の問題になる……ということは十分に起こりえます。**スケジュールは機密の一つであるという認識を常に持っておきましょう。**

第一に気をつけるべきは紛失です。手帳でスケジュール管理をしている人だけではなく、デジタルツールを使っている場合もスマートフォンやノートパソコンなどの置き忘れなどがないよう、外出先では細心の注意を払いましょう。

また、デジタルツールはウイルスやハッキングなどで情報が外部に流出してしまうリスクがあります。**ログインのパスワードを強化したり、セキュリティソフトを導入したりすることで、**リスクをグッと抑えられます。

情報流出のリスクは他人事だと思わずに、予防策を取りましょう。

15 デジタルツールを利用する際はデータ消失の対策を事前に取る

デジタルツールでデータ管理をすると、何らかのトラブルでデータが消えてしまうことがあります。データの消失は、今まで費やした時間が失われるのと同義ですから、リスクを回避するための対策が必要です。まずは3つのポイントを押さえましょう。

①フリーズなどの不調が見られたら、デバイスをすぐ新しいものに買い換える
②Excelなどデータ編集中は、ショートカットキーを使ってこまめに保存する
③メインのパソコンとは別にデータのバックアップを取る

もったいないからと古いパソコンをいつまでも使っている人がいますが、老朽化したパソコンはデータの消失や破損のリスクが高まるうえに、故障してから修理や買い換えを行うのは効率が非常に悪いです。デジタルツールの老朽化は未然に防げるトラブルです。**投資を惜しまず、新しいものに買い換えておきましょう。**

次に、Ｅｘｃｅｌなどの編集中に、**こまめにデータを保存することも忘れずに。**パソコンがフリーズして強制終了ということになると、せっかくのデータが台無しになってしまいます。ある程度作業を進めたら、「Ｃｔｒｌ＋Ｓ」「Ｃｏｍｍａｎｄ＋Ｓ」のショートカットで上書き保存するようにしましょう。

最後に、パソコンの重要なデータは必ず頻繁にバックアップを取りましょう。手段としてはフラッシュメモリや外付けＨＤＤなどの外部デバイス、クラウドサービスなどがありますが、**メインのパソコン以外での方法であることが重要です。**万が一消失しても、バックアップしておいたデータをパソコンに移すだけで復旧できます。

効率化のために取り入れたデジタルツールのトラブルで時間を取られてしまっては本末転倒です。対策を事前に取り、心置きなく利用できるようにしましょう。

第3章

思考の癖を変える

01 思考の癖を変えるだけで時間創出は成功する

仕事に余裕がある人は多くの場合、段取りについてマイルールを持っています。優先順位のつけ方や課題点の洗い出し、プレゼンの事前準備の勘どころなど、業務の遂行にあたって気をつけておきたいポイントは、必ず把握しています。

そして、そのマイルールに沿ってどのように自分が動けばいいのかを考え、実践しています。

時間創出はこのマイルールを迷いなく実践していくことの積み重ねです。つまり「仕事が早い」という能力は漠然としたものではなく、「こういうときはこのように対処する」というルールや考え方を持っているかどうかが重要なのです。

例えば同じ業務を担うことになっても、どのようにどれくらいの時間をかけてこなすのか、効率が悪い人はほかに抱えている業務を考慮せず、そのタスクだけで判断してしまいがちです。

一方で余裕がある人は、ほかの業務との兼ね合いを鑑みて、厳しいスケジュールになりそうならほかのメンバーに振ってしまうことも視野に入れています。仕事の効率の良し悪しは、いかに柔軟な考え方を持てるかどうかにかかっているともいえます。

■上手なマインドセットもスキルのうち

どうにも業務処理のスピードが上がるまで時間がかかるという人は、集中力のコントロールを意識してみてください。簡単な仕事から手をつけたり、苦手な業務ほどできるだけスピード重視で片づけたりと、業務の向き合い方次第で進捗は大きく変わるはずです。

モチベーションというのは馬鹿にならないものです。いかに自分のやる気を引き出しながら仕事をこなすか、完成度やスピードに関わることとして、常に意識しながら日々の業務に取り組みましょう。

02

段取り上手な人の業務の進め方をどんどん真似する

同じ業務をこなす場合でも、仕事の進め方は人それぞれです。例えば、スマートフォンアプリでＴｏＤｏリストをこまめにチェックする人もいれば、パソコンに付箋を貼って１日単位の業務タスクを管理していく人もいます。

仕事の進め方について、いろいろ試行錯誤してもうまくいかない人は、ほかの人の段取りを真似してみましょう。

段取り上手な人は今までの経験を踏まえて、**自分なりに洗練や工夫を施しているもの**なのです。

自分が考えた手順でうまくいかない部分があれば、その人がどのような仕事運びをしているのか研究し、**自分と比較したり、実際に真似をしたり**してみましょう。

真似をする対象は、必ずしも同じ会社の人である必要はありません。例えばクライアントから節目節目に進捗状況の確認や報告メールがあるなら、「このタイミングでこういった内容のステータス共有をするんだな」「会議のアジェンダは出席者にこうやって頭出しして共有しておくんだな」など、**メールでのコミュニケーションだけでもスムーズな業務遂行のヒントは見つかるはずです。**

■どうして優れているのか要件を分解してみる

段取りに関するテクニックだけでなく、商談の準備から進め方、話し方やジェスチャーの入れ方など、ほかの人から学べるビジネススキルは少なくありません。

真似をするときは、「どういった点が優れているのか」を自分の頭のなかで分解、整理してから実践してみましょう。「説得力のあるプレゼンスキル」なら、実は話している内容より、話し方が優れているケースもあります。

優位点はなぜそう映るのか、自分で再現できるように要点を把握しておきましょう。

03 つい後回しにしてしまう業務の先送り防止テクニック6つ

1章でも述べた通り、後回しの癖は時間創出には大敵です。しかし、気持ちが乗らないと、重要度が高いタスクにもかかわらず後回しにしてしまうこともあると思います。

そのような後回しの行動は、少し対策を心がけるだけで簡単に防止できます。次に紹介する6つの方法から、自分にあった対応を検討してみてください。

■後回し対策も事前の準備で解決できる

①自分の仕事を採点してみる

人はゴールが具体的であるほど、手応えを感じながら着実に進めることができます。

終業時にその日のＴｏＤｏリストを振り返って、計画通りできたらプラス1点、できなかったらマイナス1点とタスクを採点していきます。

合計が決めておいた目標点数に届いた場合、欲しかったものを買うなど、自分にご褒美をあげましょう。

②いくら忙しくてもランチは抜かない

昼食は集中力を回復させるための絶好のチャンスです。脳の活動に必要な糖の補給と、午前中に使った脳を休ませる時間になります。昼食を抜くことは、**かえって非効率です。**決めた時間の範囲で、しっかり食事を取りましょう。

③仕事の終了時間を設定し、厳守する

仕事にポジティブなイメージがないと、取り組もうとする意欲が湧かず、後回しの原因になります。終了時間を設定し厳守することで「**仕事に終わりはない**」**というネガティブなイメージを取り除きましょう。**やれば終わるという考えが身についてくると、気持ちが乗らない仕事にも取り組みやすくなるはずです。

④短期集中型で取り組んでみる

とくに長時間かかる作業は、合間に短い休憩を入れ、作業時間を細かく区切ります。15分ごとに休憩できるラッキーな仕事と考え、集中力を維持しましょう。

⑤休暇は機械的に取る

心理的に疲れを感じていなくても肉体がストレスを感じていることもあれば、その逆もあります。仕事の進捗が遅れてしまうとか、周りの人に迷惑をかけると思ってしまいがちですが、かえって非効率なパターンがよくあります。休暇は機械的に、かつ意識的に取りましょう。

⑥仕事を本来の目的からずらして考えてみる

これはいわば自分をだます方法です。例えば「分析表を作成して上司に提出する」という仕事について、「PCを開いて、資料を5分確認するだけだ」とわざと簡単な要素に目を向けて仕事に取りかかりやすくさせるのです。**最初の一歩のハードルを下げるマインドセットをぜひ実践してみましょう。**

04

誰がやっても完成度が変わらないタスクこそ手を抜く

この世には「誰がやっても結果が同じ」タスクが一定数存在します。一方で特定のスキルや経験がなければ務まらない仕事ももちろん存在します。

その仕事を見極めるためにまず意識したいのは、**「どこまでの完成度を求められているのか」を確認すること**です。単に納期に間に合わせるだけでよい業務なのか、クオリティも問われるタスクなのか。

業務時間は有限である以上、時間をかけなくてもいい、言い換えれば「誰がやっても完成度が変わらない」簡単な業務は、必要以上に品質を求めても時間の無駄です。逆にクオリティを求められる業務はしっかりと時間を確保して取り組みましょう。

ただ、クオリティ重視とはいえ好きなだけ時間をかけていいわけではありません。誰がやっても完成度が変わらない仕事の処理はスピード重視で手をかけずに終わらせるか、あるいは**人に振ってしまう**という選択肢も検討しましょう。

毎日定時で帰れる人の進行管理を見てください。時間管理がうまいだけでなく、部下や同僚に頼める仕事はどんどん頼んで巻き込み、**自分がやるべき高度な仕事に優先的に取り組んでいる**ことが多いはずです。

また、社内で仕事を依頼されたときは、既存の仕事に影響がないかよく考えてから引き受けるようにしましょう。とくに、誰がやっても同じ仕事は重要でない場合がほとんどです。

この場合は一旦自分が預かるにせよ、ほかの人に振るなどして、自分の重要なタスクに専念する時間を奪われないように全体の業務をコントロールしましょう。

05

「他力」に頼って仕事をよりスムーズに回す

仕事に余裕がある人の働きぶりに注目して見ると、多くの場合「他力」を使って仕事を進めるのが上手だという共通した特徴が見られます。

それだけ「他力」をうまく使うことは、仕事を早く進めるために効果的なのです。

仕事は結果がすべてであり、自分一人でやり遂げなければならないという制約はありません。むしろいろいろな人を巻き込むことで、**チームの結束力が高まったり、ほかの人の仕事ぶりを学んだりする機会が生まれることもあります。**

さらに、ここで言う「他力」は人の力だけではありません。さまざまな「他力」を借りるメリットも、一度整理しておきましょう。

「6つの他力」を使おう

1. ヒトの力を使う
上司や同僚、部下に
協力してもらう

4. 知識、情報を使う
情報を収集して、
仕事に活かす

2. モノを使う
PCやソフトウェアなど
効率がアップするモノを使う

5. スキル、ノウハウを使う
スキルやノウハウを学んで、
仕事に活かす

3. カネ
お金を解決できる
ことはお金を使う

6. その他 etc
人脈が増えるイベントに行き、
モチベーションを上げる、
リフレッシュするなど

主に次の6つの「他力」が、業務のクオリティやスピードを上げる要素となります。

①ヒト
②モノ
③カネ
④知識・情報
⑤スキル・ノウハウ
⑥その他（イベント、リフレッシュなど）

以上の「他力」を活用するには、ときには恥を気にせず思い切った決断が必要です。現在の自分の力と組み合わせて、最良の結果がでるように取り組んでみてください。

06 「自分でやったほうが早い」という考えを捨てる

仕事をほかの人に依頼した場合、自分の担当したときよりも完成度が低いこともままあるでしょう。

だからといって人に依頼しない、という考えを持ってはいけません。

確かにスピードもクオリティもあなたが担当したほうが高水準かもしれません。しかし、チームあるいは会社全体の生産性を考慮すれば、あなたはあなたにしかできない仕事に時間を使ったほうが有益です。95ページで説明した通り、誰がやっても完成度が変わらない業務は、どんどんほかの人に振ってしまいましょう。

業務を人に任せるには手順を一から説明し、注意事項や勘どころを共有し、場合によってはマニュアルをまとめる必要があります。負担は小さくありませんが、それでも人に任せることを優先しましょう。

なぜなら、丁寧に手順や重要事項を共有することで、今後のあなたの時間が生まれ、かつ責任範囲も狭めることができるからです。伝え漏れや連携不足の責任はもちろんつきまといますが、ほかの人を巻き込むことで、二重、三重のチェック機能を持つようになり、むしろ正確性の向上が期待できます。

たとえクオリティがいまいちでも、すべて自分でやるより、後から調整の指示を出したり手直しをしたりするほうが負担は減り、効率もいいはずです。

また、仕事を任されたメンバーにとっては経験を積むチャンスとなります。メンバーのスキルが上がればチーム全体の生産性アップにつながります。マニュアル化することで属人的だったスキルを会社や組織全体で活用できるようになるかもしれません。

このように人に仕事を任せることは、あなた、メンバー、会社といろいろな立場にとってメリットの大きい重要な業務なのです。

07 心配事を紙に書き出すことで集中力をUPさせる

丁寧な仕事を実践しようとすればするほど、あれもこれも気になって集中ができず、仕事を進められなくなってしまった経験をしたことがある人は多いのではないでしょうか。

思ったように仕事を進められないと気持ちが焦り、ますます集中できなくなっていくという負のスパイラルに陥るパターンもあるので、十分に注意が必要です。

そこで、仕事に集中するために、**今抱えている不安の種をすべて吐き出してみましょう**。例えば、人に話を聞いてもらうだけでも、気持ちは大きく変わってきます。

しかし、話したくないこともあるでしょうし、周りにそういう気の置けない人がいないこともあるでしょう。

そういうときは、A4サイズくらいの紙に心配事をすべて書き出してください。

不安を書き出すことで、**一度頭のなかから外に棚卸しできます。**

■不安を書き出して本当の課題を見つける

不安を書き出すメリットは心配事を整理できることです。

というのも、仕事上の不安は課題の大きさゆえに生じるものではなく、**「自分の抱えている懸念がどれくらい量があって、重要度や深刻度はどうなのかがわかっていない」**ケースが意外と多いからです。

つまり、本当の課題はさほどたいしたことではないのに、未整理である状態が不安を増幅させている可能性があるのです。このままでは無駄な時間から抜け出せません。

そこで一旦悩みや課題をすべて書き出すことによって思考が整理されると、いったい何のために不安になっているのか、原因が「見える化」されます。

そうすれば、**課題の洗い出しとともに解決方法についても模索できるうえ、解決できない（考えても仕方がない）ことかどうかも整理できる**ようになります。

08

「本当の成功」を見極めて戦略を練る

商談を成功させて、目の前の利益を確保するのは重要です。しかし、それが本当に自分や会社にとっての成功なのかを冷静に見極める思考を持ちましょう。

どんなに関係が親密であっても、取引先との商談には利害がともないます。目先の利益が確保できたとしても、**中長期的な視点で見ると大きな借りをつくったままつき合いが続く**側面があることを理解しておきましょう。

全体のメリットやデメリット、関係各所への影響も踏まえて事前に戦略や着地点を設定することで、成功への時間がぐっと縮まります。

営業の商談で例えると、商談の決裁権者を押さえることが戦略の第一歩です。そうでない人にいくら会心のプレゼンをしても、成果につながりにくいからです。
さらに、ここでも事前準備が重要です。前もって商談相手がどんな性格なのかを把握しておくと、アイスブレイクに役立ちます。

そして最も重要なのは情報収集です。相手企業の事業環境や強み、抱えている課題などを情報として把握しておきます。それらの情報を前提として、自社で提供できる解決策や相手のビジネスを伸ばすための戦略などを提案できるようにしておきましょう。

最後に、商談当日の様子を想定して実際に声を出してプレゼンを練習し、ロールプレイングを徹底して行います。本番同様に話すことで、情報や提案内容の漏れにも気づけることがあります。

09 トラブルが起こってからの代替案はタイムロスにつながる

仕事に忙殺されたり慣れが生じてくると、リスクを見落としたり、「問題が起きてから考えればいい」とタカをくくったりしてトラブルが増えがちです。

トラブルが起こってしまってから慌てふためくのははっきり言って時間の無駄。トラブルは必ず起きるものと常に意識し、事前準備の段階で対策を取りましょう。

また、起こったトラブルに対してどう対処するかこそが、最もビジネススキルで差がでると言っても過言ではありません。上司にとっては人事評価の材料として、顧客にとっては長く取引を続けるクライアントに値するかどうかを判断するイベントとして、トラブル対応は重要視されます。

もちろん、想定外のトラブルが起きることもありますが、事前準備で対策を繰り返していくうちに精度があがり、「想定外」が起きるリスクを抑えることができます。

■リスクはできる限り事前につぶす

時間創出のためには、そもそもトラブルが発生しないことが一番です。そのリスクを予防するためには、どういったリスクが存在し、トラブルに発展しないためには何をすべきかを事前に対策しておきましょう。

例えば、クライアントの意向がはっきりと汲み取れていない場合は、納品までにこまめに確認を取り、検品後に大きなリテイクや修正を求められることがないようにしておきましょう。納期に間に合うか不安な場合は、ほかの業務を調整し、進行がタイトになりそうな業務についてあらかじめバッファを持たせるようにするなど、「どう転ぶかわからない」というリスクを摘み取っておくのです。

また、一度経験したトラブルを今後いかに予防するかも重要です。再発しないためにどのような対策を講じるべきか、中長期的な未然防止策も準備しておきましょう。

10 ミスを悔やんで時間を浪費するよりも成長の機会として利用する

トラブルと同様に、仕事にはミスがつきものです。ミスが起きないように注意することはもちろん重要ですが、どれだけ気をつけていても避けられない場合もあるでしょう。

ミスの規模は大小さまざまです。大きいミスをすると、それだけ仕事に与える影響と精神的ショックが大きくなります。一方、些細なミスであっても、似たような失敗が頻発してしまえば自信喪失につながってしまいかねません。

ミスをしたときに避けたいのは、ミスしたことをいつまでも引きずってしまうことです。そのような精神状態のままでは、作業に集中して取り組むことの妨げになったり、気持ちが後ろ向きになったりして、時間の浪費につながります。

あまりにも大っぴらに開き直るのは考えものですが、ミスは必ず起こるものという前提を持って考えすぎないようにしましょう。

ミスを引きずらないために取り入れたい考え方に、**「失敗を成長の機会」としてとらえる**というものがあります。

もしも似たパターンのミスが多いのであれば、その分野は自分の弱点であると考えられます。そのようなミスに対して、「なぜ、このようなミスが起きてしまったか」「どうすれば避けることができたか」「再発を防ぐためにどうすればよいか」をしっかりと分析し、**同じ失敗を繰り返さないように対処していけば、弱点を克服できる**でしょう。ミスが少なくなれば、仕事における評価の向上や時間創出にもつながります。

何もしていないのであればミスをすることもありません。ミスをするということは、それだけ困難なことに取り組んでいるのだと考えて、自信を持って行動していきましょう。

11

コンディションが悪いときは簡単な仕事から進める

体調が悪かったり、私生活で思い悩むことがあったりすると、どうしても仕事で普段通りのパフォーマンスを出せないことがあります。

そのようなときに無理にでもがんばろうとするのは非効率なため、**コンディションが悪いなりにできることから作業を始めていくのがいいでしょう。**

おすすめしたいのは、頭を使わなくてもできるような、簡単な仕事から取り組んでいくことです。このような作業は心身への負荷が少なく、作業の進行がコンディションの良し悪しに左右されづらいため、**調子が悪いときであっても作業時間に大きな差が生じにくいでしょう。**

難易度が高く負荷も大きな作業は、人に手伝ってもらうなり、スケジュール調整をして後日対応にするなどして、調整していきましょう。

■スランプ時は効率を気にしなくてもいい

本書では、これまで効率化についてのさまざまなアドバイスをしてきました。ただし、紹介してきたテクニックは、心身ともに健康な通常時を前提としているため、**コンディションが優れないのであれば、一旦効率化のことは考えないようにするのも一つの手です。**

コンディションが優れない状態で効率を追い求めても、うまくいかないばかりか、埋め合わせをしようと無理にがんばってしまい、さらに状態が悪化してしまうかもしれません。

スランプのときは、無理をせずに通常状態への回復を優先的に考えましょう。不調状態から回復できれば、再び時間創出を目指してがんばることができます。

結果的にそれこそが最も効率的な選択となる場合もあるのです。

12 嫌いな仕事と好きな仕事はセットで処理して気持ちをラクにする

人によって業務内容の得手不得手が分かれるのは自然なことです。なんとなく苦手意識がある仕事に、率先して取りかかろうという気持ちはなかなか湧きにくいもの。そういった仕事はしばしば後回しの対象になります。

そこで、「嫌いな仕事」「苦手な仕事」は「好きな仕事」とセットにして片づけてしまいましょう。

まずは、好きな仕事から取りかかりモチベーションを高めます。すると同時に、集中モードに脳も入っていきます。

その勢いのまま、「嫌いな仕事」に取りかかるのです。

このとき注意すべきは、せっかく高めた気持ちをリセットさせないために、速やかに「嫌いな仕事」に取りかかること。

好き嫌いを意識する間もなく、同じ業務として粛々と、淡々と消化していきましょう。

■電話が苦手なら話しやすい相手を優先してリズムをつくる

電話で複数のアポイントを取る際、話しづらい相手ばかりに電話するのでは、アポイントを取ること自体に気乗りしません。

これでは商談ができず、営業成績が上がらないといった悪循環に陥ってしまいます。

そこで、関係が浅く話しづらい取引先と、懇意にしてもらっている取引先に交互に電話するなどの工夫をしていくと、苦手意識が少しやわらぐでしょう。

以上の通り、一つの仕事のなかでも、好きな要素と嫌いな要素を抽出し、うまくセットして処理すると、心理的負担も軽減され効率的です。やりたくないけどどうしてもやらなければならない仕事は、ぜひこの方法で乗り越えてください。

13

嫌な仕事を優先的に処理すると後の作業がはかどる

111ページでは、嫌いな仕事を好きな仕事とセットにして進めるテクニックを紹介しました。それ以外にも、気合いを入れて嫌な仕事から先に処理する方法もあります。どちらが適しているかは、個人の性格によって異なるので、自分に合った方法を選んでみましょう。

嫌な仕事に先に取り組むことはなかなか難しいものです。しかし、仕事が嫌であればあるほど、その業務が完了した時は大きな達成感と喜びを感じられるはずです。その心地よいテンションのまま、後に残った嫌ではない業務に取り組んでいけるため、普段よりも仕事がはかどり、時間創出につながりやすいでしょう。なんとしても自由に使える時間を増やしたい人は、こちらの方法が効率的かもしれません。

嫌な仕事は先に処理する

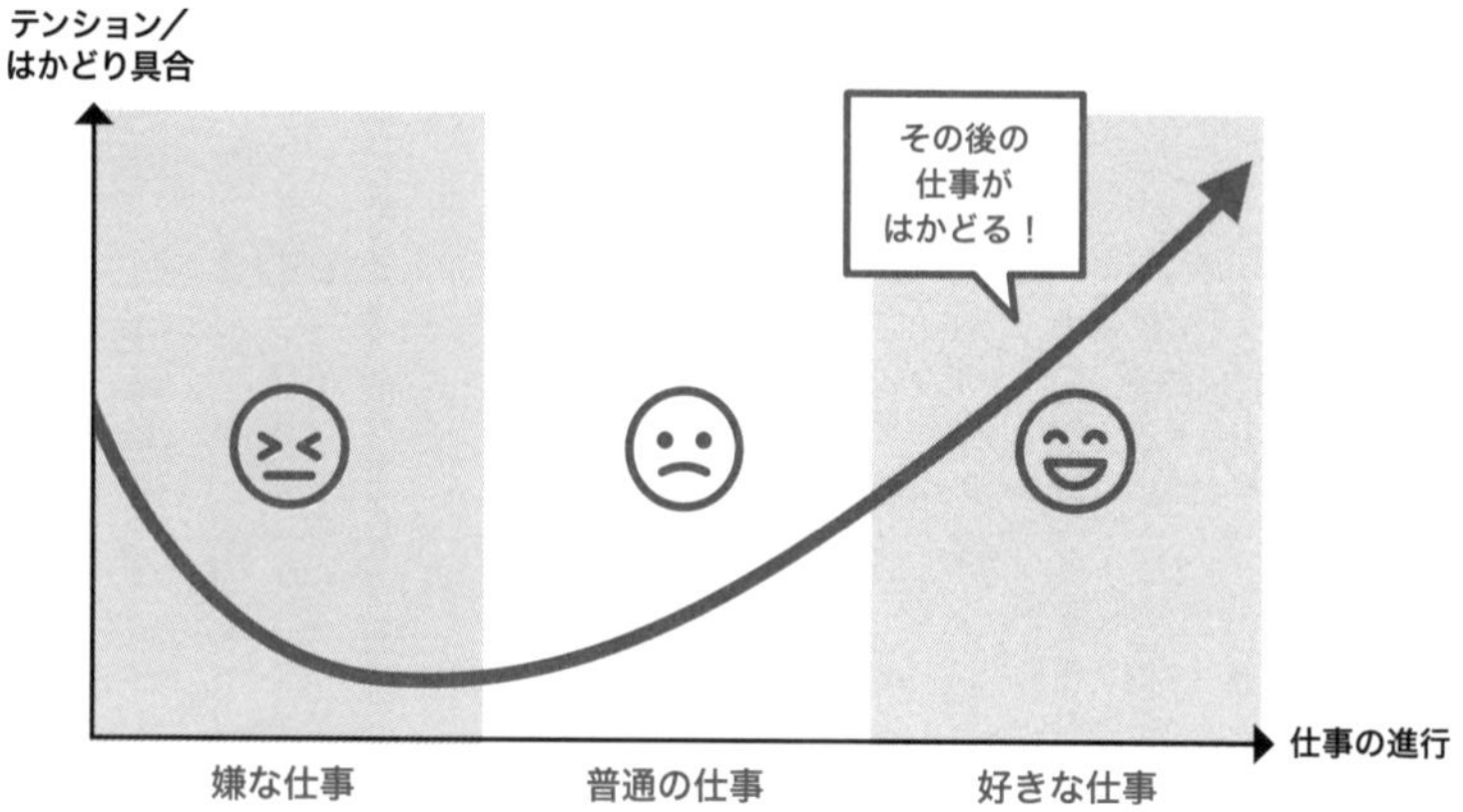

嫌な仕事にも、効率的な進め方があります。それは、**まず簡単な部分から着手して、一度始めたら後は勢いに任せて進めていく**ことです。

「嫌だ」と思っていても、先入観だけでそのような気持ちになっているだけのパターンもあります。実際に取り組んでみたらそれほど大変ではないこともあるので、あまり気負いせずにやってみましょう。

こうすることで、今まで嫌で立ち止まっていた時間が、新たに自分の好きなことに取り組める時間に変わっていくのです。

14

明日でもいいことは今日無理してやらない

「次の日の業務を滞りなく進める準備」のために、遅くまで残業をしていませんか？

明日の仕事に向けた準備をする、という行為自体はよいことです。しかし、このような働き方が習慣づいてしまうと、いつまでたっても残業をする生活をやめられなくなってしまうでしょう。

基本的に、1日の業務量は定時の時間内で完了させられるボリュームであるべきです。その日にしなければならない業務に、翌日以降の作業が上乗せされてしまえば、定時の時間内で作業を完了させるのが難しくなるのは当然です。

時間創出のためにも、**まずはあなた自身の1日の業務への意識を変えましょう。**

前提として、１日の業務はその日やらなければならない作業だけに厳選することが重要です。

やらなければいけないタスクを増やしてしまうと、過度なプレッシャーがかかってしまうため、業務に集中しにくくなります。業務に集中して取り組むためにも、翌日以降の対応で問題のないタスクを無理に進めようとして、今日取り組む仕事の数を増やすのは避けましょう。

今日のうちにすべき作業が完了して時間が余った場合は、翌日以降の作業を進めるのは非常に有意義です。しかし、残業をしてまで当日しなくてもいい作業をするのはＮＧだということはしっかり覚えておきましょう。

そもそも今日やらなければならないことが時間内に収まらない場合は、リソースや考え方の面で会社の問題だと考えられます。そういった場合は、上司に相談するなど、別の対応が必要になります。

15 自分へのご褒美を用意して モチベーションを高める

仕事のパフォーマンスは、その時々のコンディションに大きく左右されます。仕事に対して高いモチベーションを感じているときは、集中力が高まり、業務を進めるスピードが上がるでしょう。

しかし、人間である以上、どうしても気分が乗らないときもあるものです。

そのようなときにモチベーションを高める手段として、**自分へのご褒美を用意する**方法があります。ご褒美として設定する内容は「この作業を終えたら小休憩を取る」といった小さなご褒美から「仕事が終わったら飲みに行く」という定番のものまで、人それぞれでかまいません。**自分がそのご褒美のために本心からがんばろうと思える**ものを設定しましょう。

また、「この資料を15時までに完成させられたら、コンビニでスイーツを買って食べる」といったように、**ご褒美獲得のための時間制限を盛り込んでおく**と、制限時間内にクリアしようという気持ちが高まり、業務のスピードアップにつながります。

時間創出のためには、このように**業務に対するモチベーションをうまくコントロールすることも重要**です。

思ったように頭が働かず、業務になかなか集中できないときは、根性論のような考え方でただやみくもにがんばろうとしてもうまくいかないでしょう。それよりも、効率がアップする仕事の進め方を考えて実践していったほうが、結果的に作業がはかどるものです。

ご褒美の設定は、シンプルで誰でも利用しやすいモチベーションアップの方法なので、作業をうまく進められないときがあれば試してみてください。

第4章

コミュニケーションを円滑にする

01 コミュニケーションを適切に取れば時間創出につながる

仕事をするうえで、避けて通れないのがコミュニケーションです。

なかには、目上の人相手だと緊張してしまってうまく話せない、「ＮＯ」と言うのが苦手で、気づけばどうにも回らないくらいに仕事を抱えてしまうと悩む人もいるかもしれません。

コミュニケーションを適切に取ることは、仕事をスムーズに進めるために不可欠です。何度も同じ指示をしたり、間違った理解のまま仕事を進めてしまったりして、時間のロスにつながります。さらに、コミュニケーションに問題があると、必要以上に仕事を抱えてしまうこともあります。

限られた時間を無駄なく有効に使うために、ここでコミュニケーションのポイントを押さえましょう。

■コミュニケーションは意思表示をハッキリとさせる

仕事をするときのコミュニケーションでは、**あいまいさを排除するよう心がけること**が大切です。

「相手に悪く思われたくない」という気持ちから、無理な依頼を断り切れなかったり、結論を濁したりしてしまうことが、のちのキャパシティオーバーやトラブルを引き起こします。

ただでさえ忙しいのに、そこにトラブル処理まで加わったらお手上げです。場合によっては、自分だけでなく**周りの人の時間も奪ってしまう**かもしれません。

自分のための時間を生み出すには、遠回りにも見えるかもしれませんが、仕事に取りかかる前の事前準備や、日頃のコミュニケーションを円滑に進めることが鍵となります。

02

報告はシンプルに「結論から」を徹底する

上司に報告をするとき、ダラダラと言い訳をして結論を先延ばしにした経験はありませんか。

上司が本当に知りたいことは「要するにどういうことなのか」という結論の部分です。しかし、それがわかっていても、怒られることへの警戒心からついつい言い訳をしてしまいがちです。

■納得させる「理由」には客観的な根拠を添える

結論から述べた後、補足する理由の根拠があいまいだと、相手に納得してもらえない可能性があります。よくあるパターンは理由だけを用意して報告してしまうことです。根拠は「それが理由だと考えた事実は何か」です。誰が見ても明らかな数字デー

報告は「PREP法」を意識する

P=Point（結論）	A社からの納品〆切ですが、○日から×日に変更になりました
R=Reason（理由）	先方の担当者のBさんがご家庭の事情で2週間ほど休まれるそうで、代わりにCさんに対応していただくことになります
E=Example（事例、具体例）	イレギュラーな対応ですので、Cさんは少し確認時間に余裕を持ちたいとのことで、数日後ろ倒しに調整していただきました
P=Point（結論）	そのため、納品日は×日に変更でお願いします

POINT

最後にもう一度結論を述べることで、
話の要点を再度確認することができる

タや客観的事実は納得してもらうには有効です。

報告の前に一度立ち止まり、根拠があるかを見直しましょう。ここでも、事前準備が大切なのです。

とはいえ、実際に上司を前にすると緊張してしまう人もいると思います。

そういう人は、日頃から「結論」を伝える意識を持ちましょう。PREP法にのっとると、報告の内容をシンプルに整理することができます。報告に苦手意識がある人は活用してみましょう。

日々の業務の意識を変えることで、自然と、結論から報告する姿勢が身につきます。

03

相手に喜ばれる報告は「タイミング」が重要

仕事において、上司から「報告が遅い」「なぜ報告を怠った」などの叱責を受けるシーンをよく目にします。この叱責は心理的にも時間的にも避けたいものです。しかし、さまざまな理由で上司への報告に悩み、タイミングを逃す人は少なくありません。

■誤ったタイミングの報告は上司の時間を奪う

どれだけ優秀な上司であっても、チーム内に複数いるメンバーの仕事の進捗状況すべてを把握することは不可能です。その穴を埋めるための報告という意識を持ちましょう。

では、起こったことをその都度報告すればよいのかというとそれも違います。

当然のことですが、上司にもスケジュールがあります。過剰な報告は、上司にとって時間の無駄になってしまうため、適切なタイミングで、必要なことだけを報告するようにしましょう。

また、報告自体も、相手の時間を割いてもらっている意識を持つことが大切です。主観的な感想やプロセスをだらだら話さず、事実を端的に説明するよう心がけましょう。

例えば、「ご報告です。新規プロジェクトのA案とB案ですが、チームで検討した結果、A案に決定しました。A案のほうが、よりユーザーの共感を得られそうだと判断したためです。」という感じです。

このように、適切なタイミングでわかりやすい報告をすることは、上司から評価と信頼を得ながら、余計な時間の削減につながります。

04

期限に間に合わないと思ったら早めに対策を

どんなに時間をコントロールしようとしても、次から次へと振ってくる仕事に忙殺され、期限に間に合わないといったピンチは誰しも身に覚えがあるはず。このとき、その場しのぎでどうにか期限を引き延ばす提案をする人がいますが、**仕事の期限を守ることは、何より優先すべき事項です。**

期限を延ばして完成度を高めても、「期限に遅れた」という事実そのものが**信頼と評価を下げてしまいます。**

もしも完成にはほど遠い状況で期限が迫った場合は、たとえ50％の完成度であってもまず提出することを考えましょう。

このとき、最低限確認すべきポイントは以下の3つです。

①最後まである程度手をつけられているか
②用語や数字に間違いがないか
③ダミーの文字が入ったままになっていないか

不足分は説明時に口頭でフォローすれば問題ありません。

■リソースの空いている仲間を巻き込んで期限遅れを防ぐ

一度や二度ではなく、常習的に期限遅れに悩む人の多くは、ギリギリまで一人で抱え込むという特徴があります。

自分の遅れを人に頼むのは気が引けるという人もいるかもしれませんが、納期が遅れて仕事に影響を与えてしまうほうが、はるかに迷惑です。

仕事の大きさ次第では、上司の判断が必要になるケースもあります。早めに相談し、手の空いている他人を巻き込むことが、期限遅れを防ぐことにつながります。

■余裕のある人ほど相手に「ボールを持たせた状態」が長い

大量の仕事を抱え、常に何かの期日に追われていたり、何が何だかわからなくなったりした経験はありませんか？

このような人の多くは、「仕事を手離していない」のです。仕事から手を離すというのは、「ボールを相手に持たせている」状態をいいます。

余裕のある人ほど、この「ボールを相手に持たせている」時間を長くし、なるべく**自身でボールを持たないようにしています。**

例えば、新入社員のAさんとベテラン社員のBさん。あるプロジェクトを任されたとき、Aさんは企画の段階からすべて一人で抱え込み時間をかけて企画書を作成しました。Bさんは、まず関連部署に「このプロジェクトをやるうえでの課題点を教えて欲しい」と検討を任せました。

どちらがスムーズに仕事を進められたか、簡単に想像できますよね。

Aさんは苦労して作成した企画書を提出したものの、上司から多くの課題点を指摘され、結局多くの時間を修正に費やしました。

一方のBさんは、早い段階から「課題点の検討」という仕事を「手離れ」させていたため、**無駄な時間を使うことなく余裕を持って企画書を完成させました。**

ここで大切なのは、**仕事の完成度にかけた時間はあまり関係がないということです。振られた仕事はできるだけ早めにパスすることで、**余裕が生まれ、限られた時間を有効に使うことができます。

仕事に取りかかるときは、ざっと工程を確認し、どの仕事をパスできそうか早い段階で目星をつけておきましょう。自身がボールを持たなければならないポイントをあらかじめ把握しておくことで、効率よく仕事を進められます。

05

仕事を頼むときは「理由」と「期限」を明確に

仕事を人に頼むとき、あいまいな指示が原因でトラブルが起こりがちです。

例えば、「これコピーしておいて」「発注お願い」などの、用件のみを伝えるような指示はよくない指示の代表例です。

忙しいときについやってしまう人もいるかもしれませんが、あいまいな指示は受け手の誤解を生みかねません。結果的に、期限に間に合わない、思っていたクオリティに仕上がらないといったトラブルにつながってしまうのです。

このようなトラブルを防ぐには、仕事を依頼するときに具体的な理由と期限も添えて伝えることが効果的です。

指示の内容をこちらにしっかり確認してくれる人ならよいのですが、勝手な判断で後回しにしたり、意図していた内容と違った解釈をしたりする人もいます。

■指示に「なぜ」を入れると優先順位がわかりやすくなる

具体的な理由と期限を伝えるためには、指示に「なぜ」を入れましょう。「なぜ」その仕事が必要なのか、「なぜ」今指示しているのか、そして、「なぜ」その人に頼んだのかを伝えてあげると、依頼される側も**その仕事の優先順位**がわかりやすくなります。

たったこれだけのひと工夫で、トラブルを未然に防げます。さらに、指名した理由を伝えることで、「あなただから任せた」と相手のモチベーションも上がるでしょう。忙しいときほど、指示に気が回らず伝達ミスが起こります。トラブル処理に時間を取られ二度手間にならないよう、あらかじめ具体的な指示を心がけましょう。

06

「忙しいだけ」の仕事とは一線を置く

「忙しい」と言いながらも、さほど重要でない仕事ばかりしている人がいます。

こういう人は、たいてい断るのが苦手で、周りから頼まれるままに大量の仕事を引き受けていることが多いです。

「いい人」という評価はされるかもしれませんが、仕事の評価につながる時間の使い方かというと、そういうわけでもありません。

■反射的に答える「YES」は自滅のもと

限られた時間のなかで、しっかりと結果を出し会社から評価されるためには、「重要な仕事」と「忙しいだけの仕事」の線引きが大切です。

重要な仕事に集中するためには、頼まれた仕事を反射的に安請け合いしないようにしましょう。なんでも仕事を引き受けるのは、自分がしんどいだけでなく、時間をどんどん奪われてしまいます。

仕事を依頼されたときは、すでに抱えるタスクを確認し、その仕事を引き受ける余裕があるか、自分に問いかけましょう。

もしも余裕がない、あるいは依頼された仕事の重要度が低いと感じたら、「断る」ことを考えなければなりません。

とはいえ、頼まれた仕事を断るときはなかなか勇気のいることです。断り方によっては、相手の気を悪くさせるおそれがあります。

角を立てず、相手に納得してもらうためには、冷静に自分の状況を説明しましょう。

上司や取引先などの依頼を断るときは、誠意を見せるため「明日なら対応可能です」など、必ず**代替案**を提案することも忘れてはいけません。

07

意見を否定するときは「代替案」を出すことをルール化する

同じ目標に向かって仕事をしている仲間であっても、さまざまな考えや価値観を持つ人間の集まりなので、どうしても意見が分かれてしまうときはあるものです。

そんなとき、ただ意見に反対するだけの人間になってはいけません。**反対意見は議論を停滞させる原因になるばかりか、**「自分の意見も否定されたらどうしよう」と、ほかのメンバーが萎縮し、**発言しにくい雰囲気をつくってしまいかね**ないからです。

とはいえ、「それは違う」という違和感を無視してよいかというと、そういうわけでもありません。

小さな疑問をそのままにしておくと、後からその問題をリカバリーするのに時間も労力も奪われてしまいます。

■代替案をセットにすることで新たな視点が生まれる

反対意見を述べるときは、「その意見はここに問題があると思うので、こうしたらどうでしょうか」と具体的な代替案も提案するよう徹底しましょう。

すぐに代替案が思いつかない場合も、相手の意見について前向きに考えている姿勢を見せながら、違和感のある場所は理由を添えてしっかり伝えるようにしましょう。

そうすれば、否定された側もなぜ反対されたのかがわかりやすく、自分の意見について改めて考えるキッカケになるので、**新しい視点を獲得する**ことにもつながります。

議論のポイントを提議するだけでもほかのメンバーの意見を引き出しやすくなり、会議がより有意義になります。

08

「6W3H」を徹底し伝達ミスのリスクを減らす

指示の理解の齟齬により、自分のやった仕事が全く意味をなさないといった事態は、時間創出のためには絶対に避けたいミスです。

指示が早口だったり、あいまいだったりと、指示する側に問題がある場合もありますが、自分が理解したかどうかを確認しないままとりあえず「はい」「わかりました」と返事してしまうのも伝達ミスの原因です。

指示を受けたときには、必ず「なぜその作業をするのか」の意図を確認しましょう。作業の目的を見失わないため、かなりの確率で齟齬をなくすことができます。

さらに、指示を聞くときは次の3点を抑えて、相手にも念押しをしましょう。

①メモを取る
②理解できない部分、質問があればその場で聞く
③相手の前で復唱する

忘れないようにメモをし、内容を理解するために質問する。そして、「〜ということですね」と最後に復唱することで、**指示の解釈に誤解がないか確認します**。これだけで、のちのトラブルが回避できます。

しかし、なかには指示が言葉足らずで、誤解を生みトラブルにつながるという人も少なくありません。

■「6W3H」で正しく指示を聞く

伝達ミスや聞き漏れのトラブルを防ぐため、指示を聞くときは「6W3H」を意識してください。

指示を正しく聞くための6W3H

例：○○部長が○月△日に使用する●●商事へのプレゼン資料の作成

6W	内容	3H	内容
When（いつ）	○月△日	How	
Where（どこで、どこに）	●●商事	How much	
Who（誰が）	○○部長	How many	
Whom（誰に）	●●商事の専務		
What（何を）	プレゼン資料作成		
Why（なぜ）	数値等の説明をスムーズに行うため		

もしも相手の指示に不足があれば、その場で確認ができるので無駄な時間を使わずに済みます。

とくに、「どのように」「どのくらい」といった「3H」に関する指示は注意しましょう。あいまいな指示だと、指示した人とされた人で、解釈の違いが起こりやすいためです。

「6W3H」に適合した具体的な指示を受けることで、その後の仕事がスムーズに進められます。

09

丁寧でスピーディーなメール対応は「信頼」と「時間の余裕」をつくる

仕事で使うメールを、ただの業務連絡のツールだと考えていませんか。

メールをうまく使うことで、自分の時間を確保しつつ、相手の信頼を得ることができます。

■相手に信頼感を与えるメール術

①メールを受け取ったときにはまずリアクションする

相手からのメールに対して、「受け取りましたよ」ということが伝わるアクションをしましょう。短文での返信でもいいですし、チャットのようなツールでやりとりをしているならスタンプを押すだけでもかまいません。

デキる人のメール対応4つのポイント

❶.メールを受け取ったらまずリアクションする ⇒きちんと受け取っていることを伝え、相手の不安を取り除く	**❷.対応できるものから答える** ⇒情報がすべて出揃うまでの待ち時間を短縮する
❸.質問に的確に答える ⇒的確な回答で無駄なやりとりを省く	**❹.主観で話さない** ⇒あいまいな情報や主観ではなく、客観的な事実のみを端的に伝える

POINT

レスポンスが速い人はそれだけで信頼される
お互いの無駄な時間を減らし、業務の効率化にもつながる

②対応できるものから答える

複数の質問をされたとき、すべての回答が出そろってから返信するのは自分も相手も時間の無駄です。対応できるものから順次片づけていきましょう。

③的確な回答で無駄を省く

相手の質問の意図を読み取り、端的な回答を心がけましょう。無駄なやりとりが減り、お互いにとって時間の節約になります。

④不確かな情報は伝えない

主観やあいまいな情報は誤解を生む原因になります。事実のみを伝えるようにしましょう。

10 状況に合わせて適切なコミュニケーションの手段を選ぶ

最近、上司への連絡にチャットアプリを使う若い人が増えているそうです。

ただし、ミスの報告など、マイナスな連絡は多少気まずくても直接電話で伝えることをおすすめします。

アプリやメールは便利ですが、相手に感情が伝わりやすい方法を取るほうが、結果的に対応が短くなることはよくあるからです。

また、**文字のコミュニケーションは一方通行**ですので、きちんと伝わらないこともあります。なんでもかんでもチャットやメールだけで済ませるのは避けましょう。

突然連絡をするのに抵抗があれば、チャットで電話をしたい旨を先にやりとりするとスムーズです。

■より重要な話なら直接対面で話す

取引先とのトラブルなど、相手に大きく迷惑をかけるような、より重要な内容の場合は、電話よりも**直接会って対面で話したほうがよい**でしょう。

トラブル時の対応次第では、今後の取引先との関係も変わってきます。

相手に好感を持ってもらえる対応ができれば、むしろ関係が良好になり、新たな仕事をもらえたり、今後スムーズに進めやすくなったりするかもしれません。

どうしても訪問できないときは、電話でその旨についてもお詫びを入れておきます。「本来であれば直接お伺いしてお詫びすべきところなのですが、」とひとこと添えておくと、より丁寧な印象を与えられます。

便利な世の中になりましたが、その利便性に甘えすぎるのはよくありません。感情を持った人間を相手にしているということを忘れず、できるだけ誠実に対応するよう心がけましょう。

11 水掛け論を防ぐために確固たる証拠を残しておく

仕事中によく悩まされるのが、「言った」「言わない」の水掛け論です。社内の小さなトラブルならまだよいのですが、相手が取引先となると大きな問題になります。

相手はこちらに問題があると思っている。一方で、こちらも相手の主張をそのまま受け入れると責任を負わなければならないがそれは避けたい。こうした考えから、お互いに責任逃れをしようとしてしまうのです。水掛け論になってしまうと、解決が難しく、対応に多くの時間を費やすことになってしまいます。

■メールなら確実に証拠になる

このようなトラブルを避けるために必要なのは、記憶力ではなく確固たる証拠です。第三者から見て納得できる証拠を残しておくことが大切です。

他人とやりとりをする方法は、「メール」「チャット」「電話」「商談」などさまざまありますが、メールについてはやりとりした文章そのものが物的証拠になります。アーカイブフォルダに入れるなど、誤って削除されないようにしておきましょう。チャットは形式によってはまとまった情報が読みづらいため、とくに重要なやりとりはメールをおすすめします。

電話で商品の価格合意などの重要な話をした場合は、その場でメモを取り、電話が終わったら速やかに先方に確認のメールを送りましょう。あるいは、先方の了承が得られるならば録音しておく手もあります。

商談についても同じく、話した内容をメモしたうえで、先方にメールで確認する、あるいは会話を録音しておきます。

メールを送ったからといって安心してはいけません。「そのようなメールは受け取っていない」と言い逃れされないように、**メールの返信は必ず送ってもらう**ようにしておくことも忘れないようにしましょう。

第5章

テクニックを駆使して作業効率をアップ

01

時間創出は作業の効率化が要

先に説明したようにタスクに掛かる時間を短縮させられれば、その分、別のことに使える時間が今よりも増えます。短縮できる時間が長ければ長いほど、自由に使える時間も増えていきます。

しかし、これまで四苦八苦しながら進めてきた作業を大幅に時間短縮するのは簡単ではありません。「それができたら苦労はしていない」というのが、多くの人の心情でしょう。

そこで本章では、誰でもすぐに取り入れられる、時短につながるテクニックを紹介します。テクニックにはたくさんの種類がありますが、実際に得られる効果はものによって大小さまざまです。また、個人とテクニックとの相性もあるので、得意不得意も当然でてくるでしょう。

そのため、自分にとって**効果的なテクニックを厳選して見極めたうえで、取り入れていくことが重要**です。

時短の方法を選ぶ際は、「自分が大きな手間なく仕事に取り入れられそうか」と「自分の業務で高いパフォーマンスを発揮できるか」の2点に注目しましょう。

自分が使いやすく、効率化の効果が高いテクニックを使用すれば、**今よりも少ない時間、少ない労力**で効率的にタスクを進めることができます。

この章で紹介するテクニックで気になったものがあれば、日々の仕事に取り入れていきましょう。

02

単調作業は定型化して効率をアップさせる

当然のことながら、仕事は作業内容によって難易度がバラバラで、難しい仕事ほど作業時間が長くかかります。

企画の考案やプレゼン資料の作成などは、難しい仕事に該当します。このような、思考を巡らせてよいアイデアを生み出さなければならないタイプの作業は、時間を短縮するのが難しいものです。

一方で、データ入力や請求書の作成、日々の細々としたルーティンワークといった作業は、あまり考え込むことなく進められるでしょう。

このような作業は、取り組み方を工夫することで、作業時間を短縮させやすい仕事です。作業時間を短縮させるためには、**効率のよい進め方を確立させて、手順や手法を定型化しておくと効果的です。**

定型化した作業の流れは、マニュアル化してほかの人と共有しておくと、さらに効果が高まります。

マニュアルを活用すれば、担当者が変わっても作業の手順が変わらないため、完了までの時間に大きな差が発生しづらくなります。部門やチーム単位での効率アップに大いに貢献できるでしょう。

作業内容の定型化に留まらず、**出社から退社までのスケジュールを定型化させられると、さらなる効率化につながります。**

朝に出社した際の、始業前のメールチェックやその日のＴｏＤｏリストのチェックと業務の優先順位づけ、といった流れをルーティンにするのです。

そうすれば、仕事の取り組み方にムラがなくなり、仕事がスムーズに進められるようになります。

03

集中の妨げになる情報が目に入らない環境を整備する

ここから、具体的なテクニックの紹介に入りますが、すべての人に必ずやって欲しいのは**作業環境の整備**です。仕事を効率的に進めていくためには、いかに集中して仕事に取り組むかが鍵となります。そのため、**集中状態の妨げになると考えられる要素は、準備の段階で取り除いて**おくことが重要です。

人は、目に入る情報量が多ければ多いほど、集中が削がれやすくなる性質を持っています。

そのため、デスクまわりやパソコンのデスクトップはできる限り整理整頓して、集中の邪魔をするものが極力目に入らないような環境を整備しておきましょう。

■デスクの整理ではスマートフォンの置き場所に注意する

デスクの整理では、デスクの上に置くものを極力少なくすることが鍵です。一般的なオフィスワークに従事している人であれば、デスクの上に固定電話、ペンとメモ、ＰＣがあれば、仕事を進めていくのに十分な環境が整っているといえるのではないでしょうか。

とくに置き場所を注意しておきたいのがスマートフォンです。せっかく集中して作業に取り組めていても、スマートフォン画面が光って通知が表示されると、ほとんどの人は気を取られてしまいます。

業務時間中は、マナーモードにして引き出しの中に入れておき、着信があったときだけ取り出すといったように工夫しましょう。そうしておけば、不意にくる通知の表示によって集中状態を乱されずに済みます。

■散らかりやすいパソコンのデスクトップ画面は要注意

作業環境を整理する対象はデスクまわりだけでなく、パソコン内のファイルも含まれます。

とくに、使用頻度が高いパソコンのデスクトップ画面は、気がつくとファイルが散乱してしまいがちなので、優先的に整理整頓を心がけたいところです。整頓する際は、**ファイルを案件や用途で分類して、それぞれのフォルダにまとめる**ようにしましょう。完了した案件は、過去フォルダにまとめて管理する方法も有効です。

整理整頓が苦手な人は、全く使わないファイルをデスクトップ上にいつまでも置きっぱなしにしてしまうこともあるので、週に1回決まった時間をデスクトップの整理整頓をする時間に設定して、定期的に確認する習慣づけをしましょう。

04

書類は処分のタイミングを明確にルール化して管理する

ペーパーレス化が進む昨今ですが、依然としてビジネスシーンで紙の書類を使用する機会は少なくありません。

整理整頓が苦手な人は、いつのまにかデスクの上に書類の山をつくってしまい、必要な書類が必要な時にどこにあるのかわからない状態になることがあります。

また、デスクに積まれた書類は集中力を削ぐ原因ともなるかもしれません。

そのような事態を避けるためには、書類を溜めすぎないことが重要です。書類を処分するルールを明確に設定しておくことが、書類の山を解消するために効果を発揮します。

書類は重要度で保管期間を分ける

一般的に、30日間使わなかった書類は、後々見直す可能性は極めて低いといえます。

そのため、特段重要性のない書類は「30日たったら捨てる」というルール設定をしても問題ない場合が多いでしょう。

「たったの30日では不安だ」と思う人は、重要度に応じて「30日・3カ月・1年」の3段階に保管期間を分けて管理しましょう。

このとき、保管期間1年の書類が多すぎると、結局書類が溜まっていってしまうので、なるべく30日で処分する書類が多くなるように意識して分別するのがコツです。

05 金曜日の終業時にデスクの整理整頓まで終えて帰る

デスクまわりの整理整頓は、仕事の効率によい影響を及ぼすだけでなく、気持ちをスッキリさせて、ストレスを軽減する効果もあります。

しかし、よほど几帳面な人ならともかく、デスクの整理は後回しになりがちで、少しでも油断するとあっという間にデスクが汚くなってしまいます。

とくに休みを挟んだ月曜日は、ただでさえ仕事モードへの切り替えがなかなか難しいものですが、出社してデスクが乱雑だと余計にやる気を失ってしまいます。

■ルーティンに組み込んで、散らかる前に片づける

そこで、書類の山を次の週に持ち超さずに新たな気持ちで仕事に取り組むためにも、金曜日の終業時に整理整頓することを習慣化しましょう。

ルーティンに組み込む最大のメリットは、継続が容易になることです。必ずやると決めておけば、時間になったら自ずと整理を始められるようになります。

また、多少散らかっても、常に片づけやすい状態に保てる点もメリットです。身の回りは、散らかれば散らかるほど片づける気がなくなっていきます。反対に、片づけやすい状態であれば、終わりが見えているので、モチベーションが下がりきる前に作業を終えることができます。

毎週の作業では、「出したままの書類をファイリングする」「不要な書類の処分」「使用した文房具を定位置に戻す」など、ものの収納や処分を中心に行います。

「月曜日の朝に使うから」といった理由で、出しっぱなしにしておくことは避けましょう。せっかく時間を取っても片づいていない状態が常態化し、あっという間に混沌としたデスクに後戻りしてしまいます。

06 捨てていいのか判断できない書類はパソコンにデータ保存する

紙独自のメリットとして、デジタルリテラシーが低い人でも扱いに困ることがない点がありますが、やはりデータを一括でパソコンの中に保管できるといった利便性の面では、デジタルに軍配が上がります。

154ページでは、紙の書類は保管期間を決めておき、しかるべき期限がきたら処分するという管理方法を紹介しました。しかし、本当に捨ててもいいのか判断がつかない書類も中にはあるかもしれません。

そこで活用したいのがデジタルツールです。捨てていいのかどうかわからない書類は、スキャンや写真を撮るなどして、デジタルデバイスで閲覧できる状態で保存しておきましょう。

契約書などの書類は、しっかりと原本を保管しておかないと後々トラブルになる可能性もありますが、原本である必要性がない書類は、**紙面に書いてある内容を読み取ることができればそれで十分**です。

製品の説明書や年に数回程度しか見返すことのないマニュアルなど、使用する頻度が少ない書類は、パソコンにデータ化して保存すれば元の資料を捨ててしまっても問題ないでしょう。

注意したいのは、パソコンに保存したデータの管理です。保存したデータをきちんと管理できていないと、紙と同様に必要なタイミングでなかなか見つけられないかもしれません。

必要な時にすぐに閲覧できるように、データの種類・保存時期などで分類して管理しましょう。

07 書類を完全に捨てる前に一度チェックする仕組みをつくる

155ページで紹介した「毎週金曜日の整理整頓」では、書類のファイリングや処分を行います。終業時の作業はできる限り早く終わらせたいところですが、書類が必要か不要かの判断は存外時間がかかるものです。原則として「迷ったら捨てる」のが散らからないコツではありますが、「もしも必要なものまで捨ててしまったら……」と考えてしまい、思い切れない人もいるのではないでしょうか。

その「もしも」を防ぐために、「Myゴミ箱」を活用してみましょう。

■捨てるまでに段階を踏むことでミスを防止

PC上でファイルを完全に削除するためには、まず対象ファイルを「ゴミ箱」に入れ、さらに「ゴミ箱を空にする」という二段階の作業が必要です。

デスクにMyゴミ箱を設置

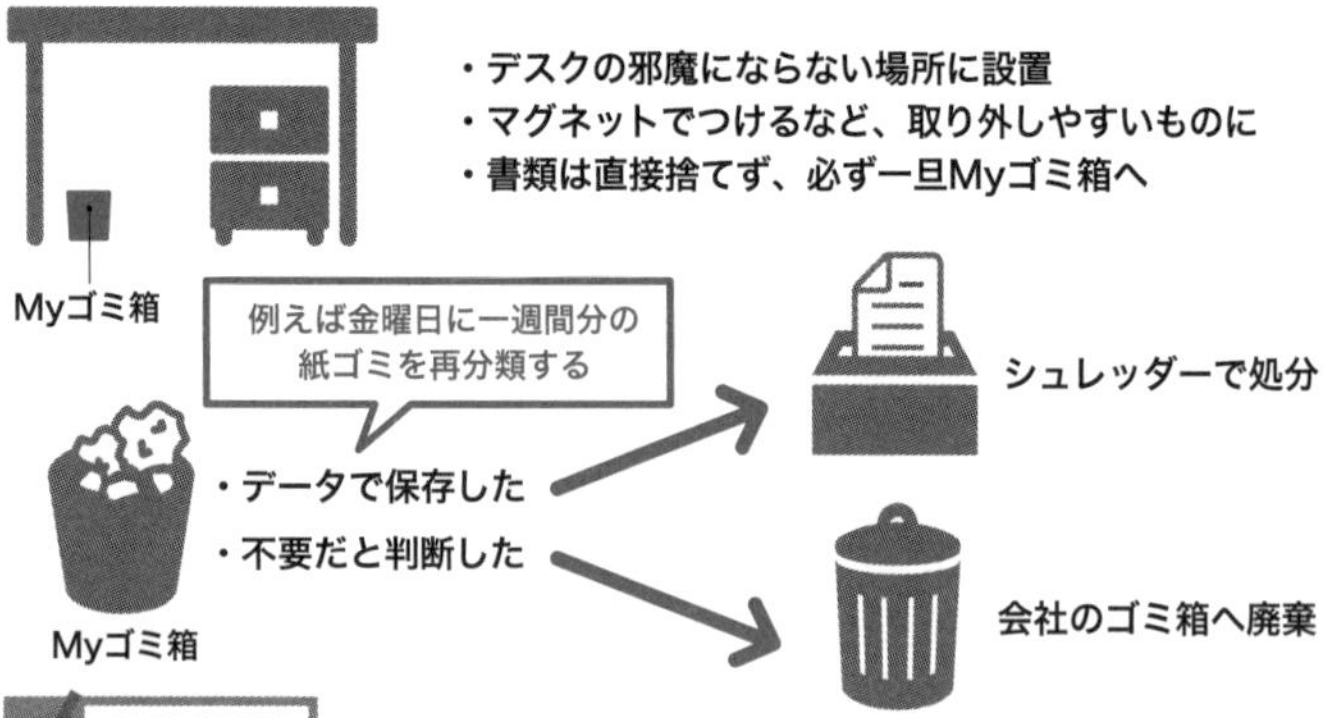
・デスクの邪魔にならない場所に設置
・マグネットでつけるなど、取り外しやすいものに
・書類は直接捨てず、必ず一旦Myゴミ箱へ
Myゴミ箱
例えば金曜日に一週間分の
紙ゴミを再分類する
・データで保存した
・不要だと判断した
Myゴミ箱
シュレッダーで処分
会社のゴミ箱へ廃棄

POINT

・誤って捨てないように、書類は一度Myゴミ箱に入れる
・一定期間経過後、再分類して、いらない書類を処分する

一見面倒に思えるかもしれませんが、意外とこのシステムに助けられた人は多いのではないでしょうか。

「Myゴミ箱」も同じ考え方で、必要な資料まで誤って捨ててしまわないための、フィルター的な役割を持つ工夫です。普段、不要だと考えた書類は「Myゴミ箱」に入れておき、金曜日に中身を再度確認してから、処分するようにしましょう。

完全に捨ててしまうまでに一度チェックする体制をつくっておくことが「迷わず捨てる」を可能にし、時短につながります。

08 相手に渡す大事な書類は控えを手元に残しておく

意外と大切なのが、アナログ書類の控えを取っておくこと。

とくに契約書などの重要書類や郵送・宅配の伝票はまだ紙で扱われることも多いです。デジタルデータはバージョンが戻ってしまうなどの不具合が発生することがあるため、必ず原紙の控えを取りましょう。忙しいときはこの一手間を面倒がってしまいますが、トラブル発生時に相手から必要以上に責任を追及されないためにも、控えを手元に置くことは重要です。

さらに、控えがないと、送付後に内容の訂正や確認の必要が生じたときに、取引先にコピーを頼むなど、迷惑をかけてしまうことがあります。

また、控えが手元にあれば、輸送中の事故や受取人による書類の紛失や汚損があってもすぐに対応できます。

■追跡や補償サービスのある送り方で安全に送る

書類を取引先に送る場合の輸送方法にはさまざまなものがあります。

一番安く送れるのは普通郵便ですが、追跡ができないので避けましょう。郵便局のサービスを使う場合は、**追跡機能がある「レターパック」**がおすすめです。「レターパックプラス」なら、宅配便のように対面での届けてもらえます。さらに、内容物が高額になる場合は、**実損額の賠償サービスや本人限定受け取りサービスを追加できる「ゆうパック」**でもよいでしょう。

万全を期すのであれば、**集荷のある大手運送会社**から信頼のできる業者を一つ決めて利用しましょう。大手運送会社に依頼する利点は、やはりスピード感です。例えば東京～大阪だと、受付時間によっては、翌日の午前中に届けることも可能です。

また、問い合わせ番号が手元にあれば、荷物が今どこにあるかの確認が、ネット上ですぐできます。紛失補償のつき方など、**サポート対応も含め業者を選定してください。**

09 モノの定位置を決めておけば探す手間が発生しない

「今すぐ必要なものが全然見つからない！」と、あちこち探し回った経験は誰にでもあると思います。

とくに、仕事中に必要なものが見つからない場合には、探しものを見つけられるまで作業がストップしてしまうので、大幅なタイムロスになってしまうのです。

どうすれば、この「無駄な時間」の発生をなくせるでしょうか。

答えは単純で、**「モノの定位置を決めておく」**のが最も有効です。

モノを保管する定位置を決めたうえで、使ったら戻すことを心がけておきましょう。

「使ったら戻す」は当たり前のことですが、仕事が忙しい時は、どんどん次の作業を進めていきたいがために、場所を決めていても使用したモノを定位置に戻すのを忘れてしまいがちです。

戻さないのであれば、場所を決めていないのと同じことです。

■整理整頓はただ綺麗にするだけが目的ではない

仕事の効率をアップさせるためには、綺麗に整理するだけでなく、何をどこに配置するのかをしっかり考えてレイアウトを決めましょう。

デスクでは、よく使用するペンやメモ帳といったものは、すぐ手が届く場所に配置しましょう。

反対にホッチキスなどのあまり頻繁に使用することがないアイテムは引き出しにしまっておくなど、自分の作業パターンに合わせて配置していくことが重要です。

また、デスクで何点かの資料を見比べたり、道具を使って簡単な作業をしたりする機会もあると思います。そのため、**デスクの上には作業用のスペースも必ず空けておくようにしましょう。**

仕事環境を整理する時は、モノを綺麗に並べることを目的にするのではなく、**「どれだけ無駄な時間を減らすことができるか」**にフォーカスして考えましょう。メモ帳一つにしても、カバンに入れていたものを机に出せばアクセスがよくなります。このようなちょっとした手間をなくすことが、集中力の維持や時短に役立ちます。

この視点で考えていけば、自分にとって仕事を進めやすい機能的なレイアウトが組めるはずです。

また、レイアウトは常にアップデートしていくことも必要です。昇進などによって、業務の内容が変わった際には、その時々の仕事に適したレイアウトを考えて組み直しましょう。

10 モノは横に置くよりも立てて置いたほうが取り出しやすい

整理整頓をするうえでは、「置き場所を決めておく」ことがポイントとなるというのは、誰もが納得しやすいと思います。一方で、あまり意識していない人が多いかもしれませんが、実は置き場所と同じぐらい「**置き方**」も重要性が高いということはご存じでしょうか。

せっかく、置き場所を決めていても、ほかのものと一緒に積み重ねて置いてしまっているのであれば、いざ必要なタイミングでスムーズに目当てのモノを取り出せないことがあるため、置き場所だけでなく置き方も重要なのです。

置き方の基本として意識しておきたいのは、**モノは立てて置く**という点です。立てて置くと、ほかのものと重ねて置いた場合よりも格段に取り出しやすくなるため、必要なときにすぐに使えます。

また、**横に置くよりも少ないスペースで配置できる**点もメリットです。本を横にして何冊も積んだ状態と、本棚に縦置きで並んだ状態をイメージして比較してみると、わかりやすいのではないでしょうか。

また、ペンなどの筆記用具も、ペンケースに入れて保管しておくよりも、デスクのペン立てに入れておいたほうが取り出しやすくなります。

現在使用しているデスクも、配置やモノの置き方を工夫することで、**利便性が向上し、格段に作業効率を上げられるようにできる**可能性が潜んでいるものです。

機能性を意識して、便利なモノの置き方を一つひとつ考えてみましょう。

11

デスクまわりの備品は作業効率を上げるものを揃える

意外と多くの人がデスクまわりの備品に無頓着です。会社から支給・貸与されたものをそのまま使っているのではないでしょうか。しかし、よく使うアイテムを自分が使いやすいものに変えるだけで、仕事の速度がグンとアップするかもしれません。

■作業効率に直結するものほどこだわる

買い換えは、環境を快適にすることではなく、**効率を上げるための投資**を心がけます。

まずは、**キーボードとマウスの見直し**を。ノートパソコンのキーボードやタッチパッドは小さくて操作しにくいですが、ワイヤレスのキーボードやマウスにすれば、操作性が向上します。また、スタンドを使ってディスプレイの位置や高さを調整しやすくなる点もメリットです。さらに、マウスをよく使う場合は、**トラックボールタイプ**を利用すると、より操作が楽になるでしょう。

オンライン会議がある場合は、マイクを内蔵したスピーカーやイヤホンを用意しておきたいです。パソコン内蔵のものはハウリングが発生したり、声が拾われにくかったりなど、何かとトラブルが発生しやすく、時間をロスしがちです。スムーズなコミュニケーションのためにも、**マイクやスピーカーへの投資は惜しまず行いましょう。**

一方、カメラについては内蔵のもので十分に役割を果たせることがほとんどです。大人数で一つの画面に映るなどの必要がない場合は、購入しなくてもよいでしょう。

また、リモートワークを行うのであれば、**ネット環境の整備も重要です。**モバイルＷｉ－Ｆｉでは通信量に制限があったり、速度や安定性に不安があったりという懸念があります。セキュリティなどの観点からモバイルＷｉ－Ｆｉの利用を禁止している企業もあるため、事前に確認しておきましょう。

12

メモ帳はアナログとデジタルのメリットを考慮して使い分ける

メモを取る際は、スマートフォンやタブレットといったデジタル機器のメモ機能を利用する人が多くいると思います。

デジタル機器のタッチパネル入力は、操作に慣れていれば**手書きよりも素早く文章が書けます。筆記用具を持ち歩く必要がない利便性の高さ**も大きなメリットです。また、手書きの場合、大急ぎでメモするとついつい字が汚くなって、書いた本人でも後で見返した際に文字を解読できないことがあるでしょう。その点、デジタル機器は**常に綺麗な文字でメモを残せます。**

さらに、クラウドでほかのデバイスと同期させておけば、一つの機器で取ったメモの内容をほかのデバイスでも確認できます。

このように、メリット満載のデジタルのメモですが、**アナログのメモ帳に完全に勝っているかというと、その限りではありません。**

デジタル機器には**故障や充電切れなど、突然のトラブルが発生する可能性があるた**め、重要な商談などに臨む場合は、デジタルだけでなく紙のメモ帳と筆記用具を用意しておくのが万全だといえるでしょう。

また、デジタルの手書き入力でペンやマーカーなどの質感を再現して描写する機能がありますが、イラストや図形などを描写するのであれば、紙のほうが書きやすいという感想を持つ人が多いようです。

デジタル技術は日々素晴らしい進化を遂げていますが、まだまだ紙のメモ独自のメリットが存在するのも確かです。仕事でメモを取る際は、それぞれのメリットを考慮して、場面に合わせて使い分けることが重要です。

13
クラウドサービスを利用すればデータの共有とバックアップも簡単

仕事を進めていくにあたって、クラウドサービスの活用は必須です。クラウドサービスとしては、GoogleドライブやOneDriveが有名です。

なかでも、データをクラウドにアップロードし、ほかの人と手軽に共有できるものは、全員で同じファイルを見たり、共同で一つのファイルを編集したりでき、指示の統一が図れるので、チームプロジェクトなどを進めるには最適のサービスといえます。例えばGoogleドライブでは、15GBまでのデータを無料で保存できるほか、公開範囲を指定した共有も可能です。

また、社内のみならずどこからでもデータにアクセスできる点もメリットです。クラウドサービスを活用できれば、デバイスとネット環境さえあれば、出勤や出張の空き時間を使って、場所を選ばず仕事ができます。

Ｍａｃのパソコンを使っている場合は、ｉＣｌｏｕｄの設定をしておけば、社内のデスクトップを自動でバックアップし、どこからでもアクセスできます。

■セキュリティ対策と容量の見積もりを忘れずに

社内サーバー不要でバックアップやデータの共有ができるなど、いいことずくめに見えるクラウドサービスですが、利用の際は注意が必要な点もあります。

まず、オンラインを介しての利用となるので、セキュリティに注意を払わなければなりません。セキュリティソフトを導入するなどの対策が必要です。

次に、サービスによっては**ストレージが一杯になると、追加費用が必要になることもあります**。どのくらいデータを使うのかあらかじめ見積もっておきましょう。

また、出先で使用する場合、**４Ｇ／５Ｇ回線やモバイルＷｉ－Ｆｉの容量上限にも要注意です**。容量の大きなデータのやりとりを社内以外でする場合は、容量無制限のＷｉ－Ｆｉルーターの用意や光回線との契約も検討したいですね。

オンラインクラウドサービスは気軽に導入できて便利

例1　Googleドライブなら、データの共有や共同編集も簡単にできる

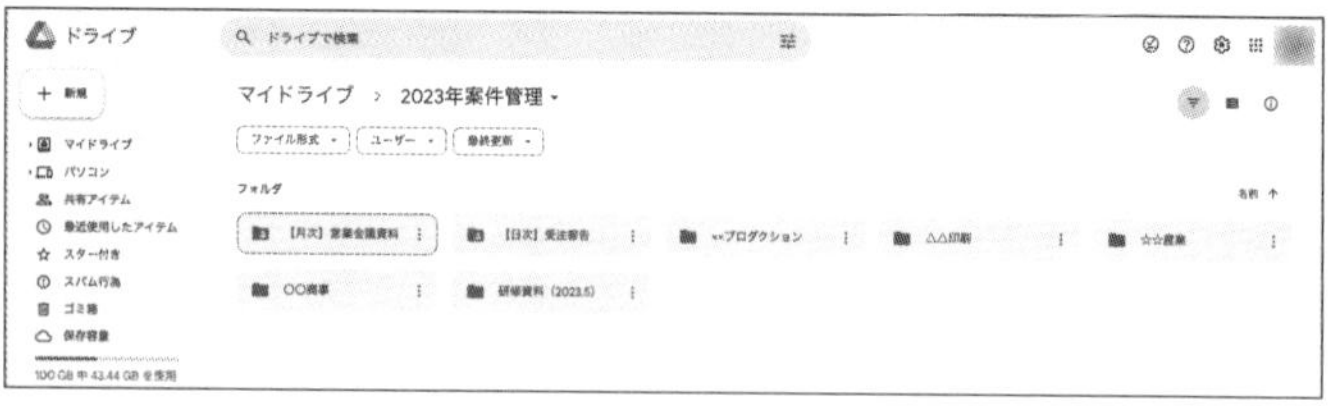

例2　Macのパソコンなら、i Cloud Driveに自動でバックアップできる

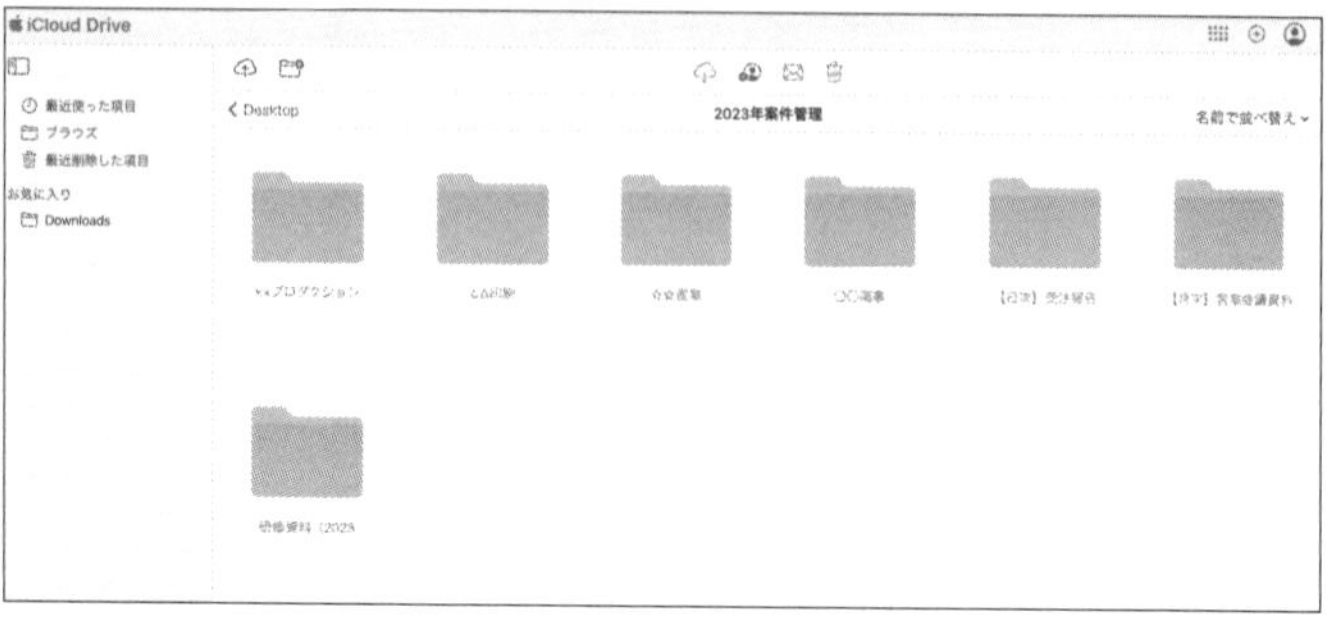

POINT

GoogleDriveなどのオンラインストレージサービスを使えば、ファイルにどこからでもアクセスできるほか、ほかのメンバーとの共有もできる。また、バックアップとしても使用することができるので便利だ。ただし、容量を増やすには料金がかかるので注意が必要

14

パソコン内部のデータを整頓して検索にかける時間を短くする

163ページで「ものを探す」のは無駄な時間だという話をしましたが、それはパソコン内部のデータについても同じことがいえます。デスクトップ上にフォルダやデータを乱雑に保存していると、各データの重要度がわからなくなってしまい、必要なものをすぐに探し出せません。**雑然としたデスクトップは効率化の敵です。**デスクまわりの備品の定位置を決めるように、フォルダやデータもどこに何を格納するかを明確にしておき、管理しましょう。

■ルールを決めてデスクトップを整頓する

まずは、デスクトップやマイドキュメント内に直接データを保存するのをやめましょう。**業務内容や案件ごとにフォルダを作成し、各種データはその内部に保管します。**

フォルダはテーマ別に名前をつけます。例えば、「○○年案件一覧」などと**大分類を設定しておいて、大分類フォルダの内部に社名や案件名の小分類フォルダを作成するのです。**案件が長期間にわたったり、作成する資料の種類が多かったりする場合は、さらに下の階層に「日付」のフォルダをつくっておくと、スムーズに資料を探せます。

ファイル名も「○○産業／Bプロジェクト／見積書・xls」のように、自分なりのルールを決めておきましょう。なお、Windowsではファイル名に半角のスラッシュを使えないので、全角にするかアンダーバーなどほかの記号を使う必要があります。また、**アルファベットや数字は半角に統一**しておきましょう。

一時的に作成したファイルも、すぐにルールに沿った名前に変更します。「Book1」や「見積書（1）」のような適当な名前のままでは、後から参照したいときに片っ端からデータを開くことになってしまいます。

フォルダやファイル名のひと工夫で、データ管理が楽になり、作業効率が上がります。

15

メールの署名と挨拶文の記入はテンプレートの呼び出しで時短

頻度の高い作業の効率化こそ、時間を創出する有効な手段です。

例えば、「いつもお世話になっております」などの挨拶文やメールの署名をその都度入力していませんか。営業職であれば、1日あたりのメールの送信数が50件、時には100件以上になることもあるでしょう。10文字〜15文字程度の挨拶文でも100件以上も入力すれば、400字詰め原稿用紙で3枚〜4枚分にもなります。

このように考えると、なにげなく入力する挨拶文、署名というのはいかに時間がかかるかが実感できます。

その時間を効率化するために、まずは**署名を雛形として登録**してみましょう。氏名、会社名、所在地、電話番号、メールアドレスなどを登録すれば、メールの末尾に自動

メールテンプレートのつくり方(Outlook)

❶「新規メール」作成画面の「挿入」にある「...」をクリックし、「マイテンプレート」を選択

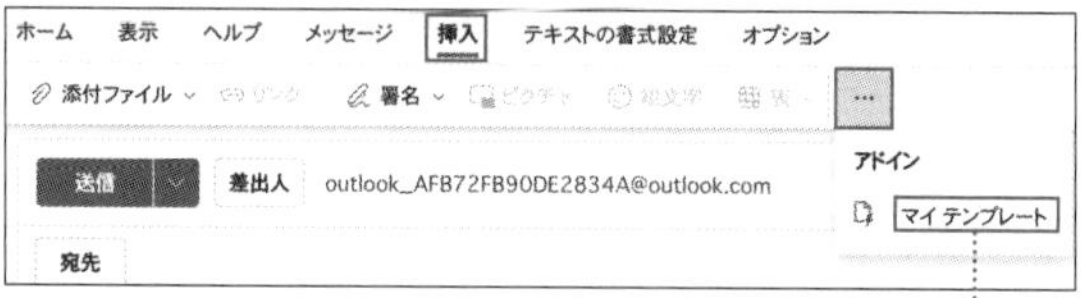

❷「マイテンプレート」の編集画面を呼び出せる。「+テンプレート」は新規追加、は編集、は削除

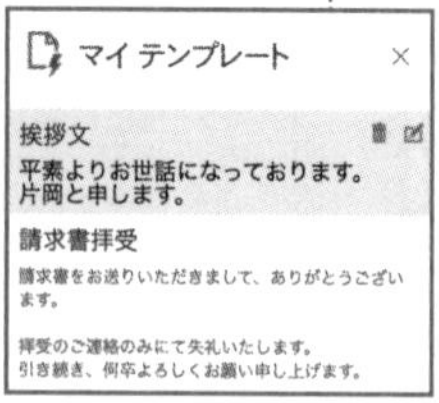

okやMacのメールソフトなど多くのアプリで設定画面から登録や変更ができます。

　また、書類受け取りや見積送付の連絡など、よく使う文面はテンプレートを保存しておくとよいでしょう。Outlookであれば、「マイテンプレート」機能で簡単に登録や呼び出しを行えます。

　ほかのメールソフトを利用している場合は、パソコンのユーザー辞書や「スティッキーズ」などの付箋アプリに保存しておき、いつでもコピーできるようにしておくのがおすすめです。

16 よく使う操作はショートカットキーを駆使する

デスクワークのスピードは、**パソコンのショートカットキーを駆使すればグッと効率化できます。**作業のなかには同じ動作の繰り返しも多く、マウスとキーボードを持ち替える回数を少なくできれば大幅な時短になります。

次のページに使用頻度の高いものの一覧を掲載しているので、ぜひ確認してみてください。

また、ショートカットキーが割り当てられていない操作も、よく使うのであれば、**自分でキーを作成しておくのもおすすめです。**例えば、Ｍａｃでは「ゴミ箱に入れる（削除）」にショートカットキーはありませんが、「Ｃｏｍｍａｎｄ＋Ｄ」などを割り当てておけば、マウスで右クリックする手間を省けます。ショートカットキーは、Ｗｉｎｄｏｗｓでもｍａｃでも、**設定画面から自由に割り当てを追加・変更できます。**

よく使う操作はショートカットを駆使する

基本操作一覧		
	Windows	Mac
デスクトップの表示	Windowsキー + D	command + F3 または fn + F11
[スタート]メニュー／Launchpadの表示と非表示	Windowsキー	F4
[PC]を開く	Windowsキー + E	
開く	Ctrl + O	command + ↓
開いている項目を切り替え	Alt + Tab	command + tab
上の階層に移動	Alt + ↑	command + ↑
全選択	Ctrl + A	command + A
一部を選択（範囲の指定）	Shift + ←/→/↑/↓	control + Shift + ←/→/↑/↓
検索	Ctrl + F	command + F
選択範囲をスクリーンショット	shift + Windowsキー + S	command + shift +4
画面全体をスクリーンショット	Windowsキー + Prt Scr	command + shift +3
ウィンドウを閉じる	Ctrl + W	command + W
全ウインドウを閉じる		command + option + W
アプリケーションの終了	Alt + F4	command + Q
Excelなどのファイル編集で使う		
	Windows	Mac
コピー	Ctrl + C	command + C
切り取り	Ctrl + X	command + X
ペースト	Ctrl + V	command + V
元に戻す	Ctrl + Z	command + Z
やり直す（進む）	Ctrl + shift + Z	command + shift + Z
置換	Ctrl + H	control + H
印刷	Ctrl + P	command + P
上書き保存	Ctrl + S	command + S
名前をつけて保存	Ctrl + shift + S	command + shift + S

POINT

ショートカットキーを覚えておくとマウスに持ちかえる手間が省けるので、作業効率が劇的にアップする

17 Excelのショートカットを駆使して作業時間を劇的に短縮

Excelは、デスクワークがある職種の多くで使う機会があると思うので、ここではExcelのコツを簡単に紹介します。まず押さえておきたいのはショートカット。難しくないにもかかわらず、あまり知られていないキーがいくつか存在します。知らなかった人は、これらを使うだけで、資料の作成が格段に早くなるでしょう。

■覚えて損なしの5つの裏技コマンド

①セルの書式設定は「Ctrl+1」で出す

セルの書式設定を呼び出すには「Ctrl+1」を押します。マウスに持ち替えてツールバーの書式設定をクリックする必要はありません。

②「Ｃｔｒｌ＋十字」でデータの切れ目まで飛ぶ

入力セルの数が多い場合、データの切れ目までマウスカーソルでスクロールするのが大変ですが、このコマンドをつかえば、一気にデータの最後まで飛んでくれます。

③「Ｆ４」で同じコマンドを繰り返す

前のコマンドを反復したい場合は「Ｆ４」を押すだけでＯＫ。例えば、あるセルの色を赤にした場合、次のセルで「Ｆ４」を押すと同じく赤になります。Ｍａｃの場合は、「ｃｏｍｍａｎｄ＋Ｙ」を使いましょう。

④「Ｆ２」で一発編集モードに

「Ｆ２」を押すだけで、セルをダブルクリックしたときと同様に編集モードにすることができます。Ｍａｃの場合は、「ｃｏｎｔｒｏｌ＋Ｙ」を使います。

⑤「Ｆ９」で再計算してくれる

Ｅｘｃｅｌで表計算の修正を行う場合、データが多いと一部修正前の計算のまま提出

ショートカット活用でEXCELの作業をグッと楽にする

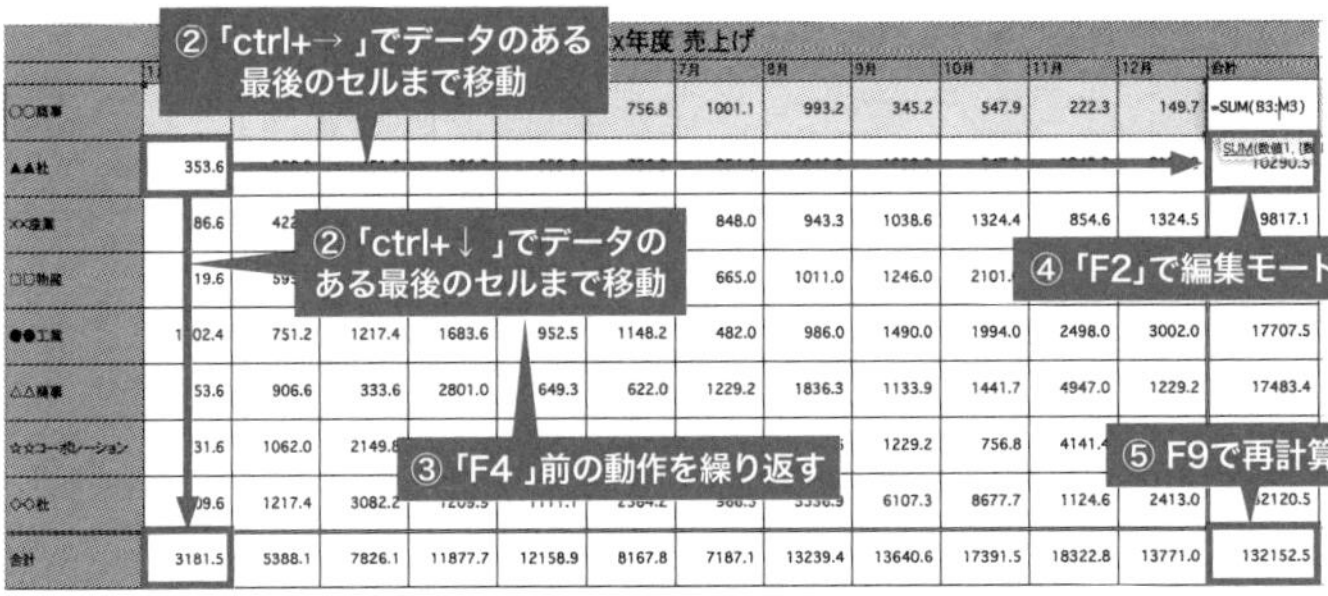
②「ctrl+→」でデータのある最後のセルまで移動
②「ctrl+↓」でデータのある最後のセルまで移動
③「F4」前の動作を繰り返す
④「F2」で編集モード
⑤ F9で再計算

POINT

上記のショートカットを利用するだけで、仕事の効率は劇的にアップする

してしまう可能性があります。「F9」を押すだけで再計算してくれるので、保存前に「F9」で再計算して、ミスが漏れないようにしておきましょう。

さらに、セル内の文章の改行（Alt+Enter）や、セルの削除（Ctrl+ー）も押さえておきたいコマンドです。

セルの移動（Tabは右、Enterは下、Shiftを同時に押すと左や上へ）なども知っておくと、マウスを使う機会が減って、より速く作業を進められます。

18

データの入れ替えも連続データの入力も楽にこなせる技

前項では、Ｅｘｃｅｌの基本的なショートカットを見ていきました。ここでは、資料を大幅に手直ししなければならない場合や、データの使い回しをしたい場合に役立つ技を３つ紹介します。

①表の行と列をスムーズに入れ替える
②「ｓｈｉｆｔ」キーを利用して列の順序を入れ替える
③連続したデータを一発で入力する

次のページで詳しく解説していきますので、実践しながら覚えていってください。

覚えておきたいEXCEL3つの時短テクニック

❶表の行と列をスムーズに入れ替える

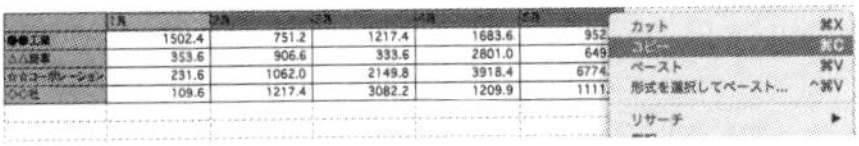

入れ替えたい箇所をコピーする

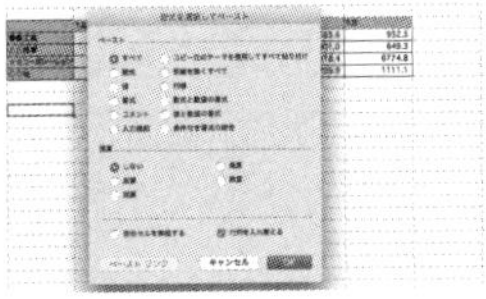

「形式を選択をしてペースト」から「行列を入れ替える」にチェックをいれてOK をクリック

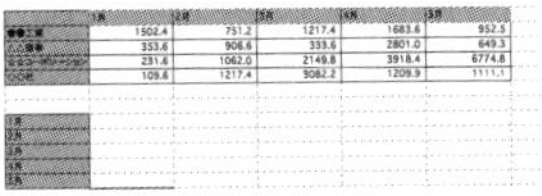

該当の箇所が入れ替わる

❷「shift」を利用して列の順序を入れ替える

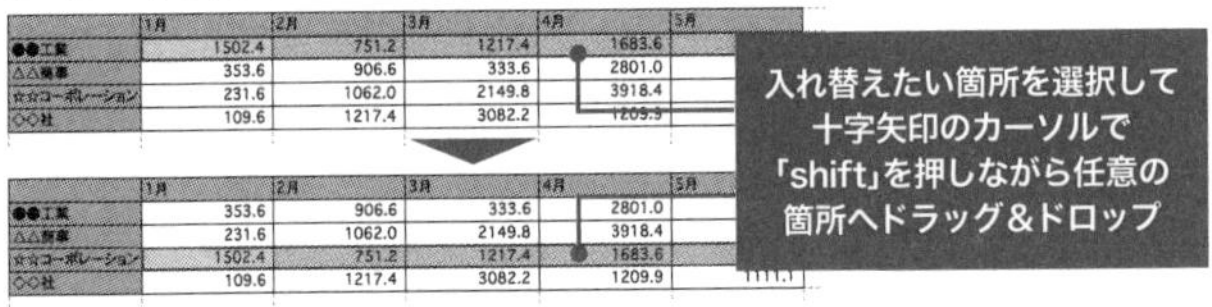
入れ替えたい箇所を選択して
十字矢印のカーソルで
「shift」を押しながら任意の
箇所へドラッグ&ドロップ

❸連続データの一発入力方法

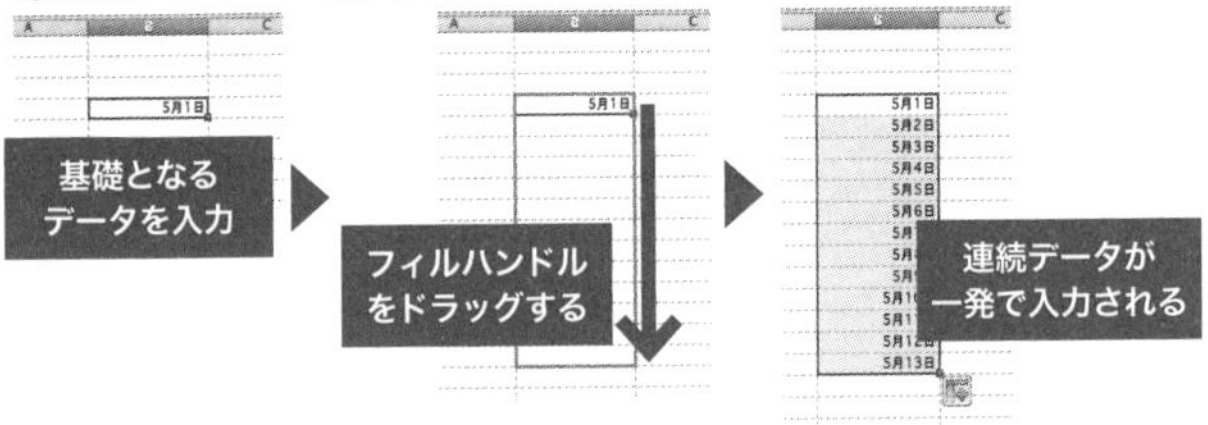
基礎となる
データを入力
フィルハンドル
をドラッグする
連続データが
一発で入力される

POINT

EXCELでの作業は同じコマンドの繰り返しが多いため、これらのテクニックを活用することで作業スピードを劇的に向上させることができる

19 Excelの計算ミスは「検算式」で防止できる

予算や売上などの管理において、エクセルなどの表計算ソフトは欠かせないツールです。一方で、入力するのは人間であるために、どうしてもミスが生じてしまうことがあります。

セルの追加や削除の繰り返し、タイピングミスで、間違った数字を入力してしまうなど、ミスの要因は意外に多く潜んでいます。

さらにセルの数や数式が多く複雑になれば多くなるほど、一つ間違えたときの見直しも大変で、ほかの業務スケジュールにまで影響を及ぼすことさえあるでしょう。

そこで対策として実践したいのが、「検算式」の活用です。

検算は3つのポイントを押さえる

	1月	2月	3月	4月	5月	6月	7月	8月	9月	10月	11月	12月	合計		
○○商事	124.5	111.7	108.9	566.2	649.3	756.8	1001.1	993.2	345.2	547.9	222.3	149.7	5576.8		
▲▲社	353.6	320.9	451.6	566.2	659.0	756.8	854.6	1246.0	1050.3	547.9	1343.8	2139.8	10290.5		
××産業	286.6	422.5	311.4	566.2	821.0	1075.8	848.0	943.3	1038.6	1324.4	854.6	1324.5	9817.1		
□□物産	219.6	595.8	171.2	566.2	542.0	603.5	665.0	1011.0	1246.0	2101.0	3191.0	509.2	11421.5		
●●工業	1502.4	751.2	1217.4	1683.6	952.5	1148.2	482.0	986.0	1490.0	1994.0	2498.0	3002.0	17707.5		
△△商事	353.6	906.6	333.6	2801.0	649.3	622.0	1229.2	1836.3	1133.9	1441.7	4947.0	1229.2	17483.4		
☆☆コーポレーション	231.6	1062.0	2149.8	3918.4	6774.8	640.5	1140.6	2686.6	1229.2	756.8	4141.4	3003.5	27735.2		
◇◇社	109.6	1217.4	3082.2	1209.9	1111.1	2564.2	966.5	3536.9	6107.3	8677.7	1124.6	2413.0	32120.5		
合計	3181.5	5388.1	7826.1	11877.7	12158.9	8167.8	7187.1	13239.4	13640.6	17391.5	18322.8	13771.0	132152.5	132152.5	132152.5

POINT

データが多ければ多いほど計算ミスも起こりやすくなる。ひと手間検算を入れることで大きなトラブルを防ぐ

表計算をするとき、上の図にあるような「検算式」を入れておきます。

この「検算式」でタテ、ヨコ、総計が合っていれば全体的に間違いはないということです。

一方で、どれか一つでも間違いがあれば、その表のどこかに問題があるということですので修正が必要です。例えば上の表組みの場合、ヨコの合計値だけが異なっていれば、1～12月のいずれかの合計値が誤っている可能性があります。

提出時に「検算式」が不要な場合は、チェックが終わってから、その部分のみ削除すれば問題ありません。

20

短時間の仮眠「パワーナップ」で午後も集中力を維持する

仕事を効率的に進めるには、いかに自身の集中力を高めるかも重要です。そのために有効なのが睡眠です。仕事中に寝るなんて、と思うかもしれませんが、寝不足で作業するよりも、少し寝てから取りかかったほうがよいのです。とくに**12〜15時に取る短時間の仮眠を「パワーナップ」**といい、誰もが知る大企業でも導入されています。

人間の睡眠には、脳が記憶の整理を行うレム睡眠と、脳も休息しているノンレム睡眠があります。パワーナップは、入眠後約20分のノンレム睡眠で脳の疲労を回復します。ブラウザのキャッシュをクリアしてパソコンの動作を軽くするようなものです。

■4つのコツを踏まえて効果的な休息を取る

パワーナップには次の4つのルールがあります。

①昼食後の自然な眠気を利用する
②昼寝前にコーヒーなどのカフェインを取る
③スマートフォンなどで20分のタイマーをかける
④起きたらストレッチで体を目覚めさせる

まず、パワーナップは時間帯が重要です。夕方以降に行うと、夜の睡眠を妨げてしまうことも。昼食後の自然な眠気を利用しましょう。

次に、コーヒーや紅茶を取るのもポイントです。これらのカフェインは効果があらわれるまで20～30分かかります。寝る前に取れば、自然な目覚めが期待できます。

3つ目のコツは、「20分でタイマーをかける」です。30分以上眠ってしまうと、睡眠のレベルが深くなってしまい、寝起きがつらくなってしまいます。

最後に、起きた後はストレッチをします。社内に仮眠室などがない場合は、デスクで昼寝をすることになります。肩こりなどを防ぐためにも、体をほぐしてから仕事に向かうほうが、体の疲労を蓄積せずに午後も働けることでしょう。

おわりに

自由に使える時間を持てないことでお悩みの人は、世のなかにたくさんいます。まれに、単純に抱えている業務量がとんでもなく多い人もいますが、ほとんどの場合、生活や仕事のなかの行動に無駄や非効率さが目立つケースがほとんどです。

本著では、日々多忙な生活を過ごしている人が時間を創出するための方法を、考え方からテクニックまで幅広く紹介してきました。

慣れない間は、回りくどく思えたり、効果に疑問を感じたりするかもしれませんが、内容を正しく理解して実際に生活に取り入れていけば、必ず少しずつ時間の使い方が上達し、生活の質を向上させることに役立ちます。

本著を読んでくださった人に、最も実践してもらいたいことは、常に時間創出のための視点を持ち続けることです。

「段取り」「時短」「効率化」を普段から意識して取り組んでいけば、時間創出のオリジナルのテクニックを編み出せるようになるかもしれません。

そのように考えると、時間創出のテクニックはこれからも新しいものがどんどん生まれていくのでしょう。

時間創出の方法は、時間の浪費を「もったいない」と感じたり、作業を「面倒くさい」と考えたりする人が、改善を試みて考案することで生まれるパターンが多くあります。

改善に向けた小さなアイデアの積み重ねが、やがて有効な時間創出術を生み出すのです。

時間創出をどんどん推し進めていくためにも、日常に潜む「面倒くさい」をどんどん見つけましょう。「時間の無駄」にもっとイライラを募らせましょう。

そうやって勝ち取った自由時間が、人生を今よりもっと豊かにしてくれるはずです。

片岡　京平（かたおか・きょうへい）
シナジー・B・システムズ役員。
人材コンサルタントとして数多くの企業を課題解決へ導いた実績を持つ。
これまでの業務経験で収集した、ハイパフォーマンスをみせる人材に共通する特性を分析し、コンサルタント業務に活かしている。

本当《ほんとう》に忙《いそが》しい人《ひと》のための時間創出術《じかんそうしゅつじゅつ》

2023年9月19日　　初版発行

著　者　片　岡　京　平
発行者　和　田　智　明
発行所　株式会社　ぱ る 出 版

〒160-0011　東京都新宿区若葉1-9-16
03(3353)2835—代表　03(3353)2826—FAX
03(3353)3679—編集
振替　東京　00100-3-131586
印刷・製本 中央精版印刷（株）

ISBN978-4-8272-1410-9 C0034